HET ESSENTIËLE VIJGEN KOOKBOEK

Ontgrendel het potentieel van vijgen via 100 recepten voor elke gelegenheid

Guus Hoekstra

Auteursrechtelijk materiaal ©2024

Alle rechten voorbehouden

Geen enkel deel van dit boek mag in welke vorm of op welke manier dan ook worden gebruikt of overgedragen zonder de juiste schriftelijke toestemming van de uitgever en eigenaar van het auteursrecht, met uitzondering van korte citaten die in een recensie worden gebruikt. Dit boek mag niet worden beschouwd als vervanging voor medisch, juridisch of ander professioneel advies.

INHOUDSOPGAVE

- INHOUDSOPGAVE 3
- INVOERING 6
- ONTBIJT 7
  1. GEITENKAAS EN VIJGENDONUTS 8
  2. VIJGEN HAZELNOOTMELK 10
  3. ONTBIJTPARFAIT MET VIJGEN EN WALNOTEN 12
  4. VIJGENONTBIJTWAFELS 14
  5. VIJGEN EN HONINGYOGHURTKOM 16
  6. VIJGENTOAST 18
  7. VIJGEN EN GEITENKAAS OMELET 20
  8. VIJGEN BISCOTTI 22
  9. VIJGEN EN PROSCIUTTO ONTBIJTPIZZA 25
  10. VIJGENJAMMUFFINS 27
  11. VIJGEN EN AMANDEL NACHTELIJKE HAVER 30
  12. VIJGEN EN RICOTTA GEVULDE WENTELTEEFJES 32
  13. ONTBIJTWRAP MET VIJGEN EN SPINAZIE 34
- SNACKS EN VOORGERECHTEN 36
  14. WALNOOT, VIJG EN PROSCIUTTO CROSTINI 37
  15. VIJGEN SHORTCAKES 39
  16. GEGRILDE CANTHARELLEN EN IN PROSCIUTTO VERPAKTE VIJGEN 41
  17. VIJGENBEIGNETS 43
  18. GEVULDE AFB 45
  19. DULSE-TRUFFELS VAN VIJGEN EN WALNOTEN 47
  20. PITTIGE VIJGEN- EN WALNOOTVUURRADEREN 49
  21. VIJGEN KOKOSBALLETJES 52
  22. VIJGEN EN GEITENKAAS CROSTINI MET HONING 54
  23. VIJGEN EN PROSCIUTTO SPIESJES 56
  24. MET VIJGEN EN BLAUWE KAAS GEVULDE CHAMPIGNONS 58
  25. VIJGEN EN BRIE QUESADILLAS 60
  26. VIJGEN EN PISTACHEBRUSCHETTA 62
  27. IN VIJGEN EN BACON VERPAKTE DADELS 64
  28. VIJGEN EN FETA PHYLLO DRIEHOEKEN 66
- BROODJES EN WRAPS 68
  29. MOZZARELLA, PROSCIUTTO EN VIJGENJAM GEGRILDE KAAS 69
  30. PROSCIUTTO & TALEGGIO MET VIJGEN OP MESCLUN 71
  31. VEGGIE BURGER MET VIJGEN EN GEKARAMELISEERDE UI 73
  32. VIJGEN EN PROSCIUTTO SANDWICHES 75
  33. SANDWICH MET VIJGEN, PROSCIUTTO EN RUCOLA 77
  34. WRAP MET GEGRILDE VIJGEN, GEITENKAAS EN HONING 79
  35. VIJGEN, KALKOEN EN BRIE PANINI 81
  36. VIJGEN EN BRIE KALKOENBURGER 83

37. Vijgen-, prosciutto- en geitenkaas-flatbread ...85
38. Vijgen-, ham- en Zwitserse kaaspanini met vijgenjam ...87
39. Vijgen-, spek- en Goudse wrap met uien ...89
40. Vijgen En Blauwe Kaasburger ...91

HOOFDGERECHT ... 93
41. Vijgen En Gorgonzola Gevulde Varkenshaas ...94
42. Met Vijgen En Prosciutto Gevulde Portobello-champignons ...96
43. Met Vijgen En Walnoten Gevulde Kipfilet ...98
44. Met Vijgen En Ricotta Gevulde Pastaschelpen ...100
45. Vijgen En Walnoten Salade Met Gegrilde Zalm ...102

PIZZA EN PIZZETTES ... 104
46. Vijg, Ui & Microgroen Pizza's ...105
47. Vijgen En Pancetta Pizza ...108
48. Pizza met vijgen en prosciutto ...110
49. Vijgen En Radicchio Pizza ...112
50. Pizza met gekarameliseerde vijgen en geitenkaas ...115
51. Kaas En Vijgencalzones ...117
52. Vijgen-, rucola- en prosciutto-pizza ...120
53. Vijgen-, blauwe kaas- en walnootpizzettes ...122
54. Vijgen, Ricotta en Honing Flatbread ...124

SALADES ... 126
55. Sinaasappel En Vijgensalade ...127
56. Salade Met Gegrilde Vijgen En Halloumi ...129
57. Vijgen-, Ham- En Nectarinesalade In Wijnsiroop ...131
58. Vijgen En Farro Salade Met Kip ...133
59. Vijgen-kalkoensalade met currydressing ...135
60. Meloensalade Met Vijgen ...138
61. Vijgen-, geitenkaas- en walnootsalade ...140
62. Vijgen-, prosciutto- en rucolasalade ...142
63. Vijgen-, Quinoa- en Kikkererwtensalade ...144
64. Vijgen-, Prosciutto- en Mozzarella Caprese-salade ...146
65. Salade met vijgen, spinazie en pecannoten ...148
66. Vijgen-, avocado- en garnalensalade ...150
67. Vijgen-, quinoa- en rucolasalade ...152

NAGERECHT ... 154
68. Limoncello-vijgentaart met walnotenkorst ...155
69. Bevroren vijgencheesecake ...158
70. Vijgen Met Zabaglione ...161
71. Rozengeurbavarois met vijgen ...164
72. Verse Vijgenmousse ...167
73. Pavlova Met Vijgen En Granaatappel ...170
74. Vijg, Honing En Ricotta Semifreddo ...172
75. Vijgen En Balsamico Pot De Crème ...174

- 76. Blauwe Kaas En Vijgengelato Affogato 176
- 77. Gouden Vijgenijs Met Rum 179
- 78. Bourbon gerookte vijgenijs 181
- 79. Vijgen En Mascarpone-ijs 184

SPECERIJEN 186
- 80. Ingeblikte vijgen 187
- 81. Gedroogde Vijgenjam 189
- 82. Gekonfijte vijgen 191
- 83. Cranberry-vijgenchutney 193
- 84. Vijgen, rozemarijn en rode wijnjam 195

COCKTAILS 197
- 85. Calvados druppelvormige mocktail 198
- 86. Met Vijgen En Rozemarijn Doordrenkt Water 200
- 87. Grapefruit, vijg en vlindererwt-kefir 202
- 88. Verse Vijgen Curaçao 204
- 89. Vijgen- en Grand Marnier-likeur 206
- 90. Vijgen En Lavendel Limonade 208
- 91. Frambozen En Vijgen Limeade 210
- 92. Vijgen En Honing Smoothie 212
- 93. Vijgen En Gember Ijsthee 214
- 94. Kardemom-vijgenbrandewijn 216
- 95. Vijgen En Munt Mojito 218
- 96. Smoothie met vijgen en vanillebonen 220
- 97. Met vijgen en kaneel doordrenkte ijsthee 222
- 98. Smoothie met vijgen- en kokoswater 224
- 99. Vijgen En Basilicum Limonade 226
- 100. Vijgen En Appel Cider Azijn Tonic 228

CONCLUSIE 230

INVOERING

Welkom bij "Het essentiële vijgenkookboek: ontgrendel het potentieel van vijgen via 100 recepten voor elke gelegenheid." Vijgen, met hun weelderige zoetheid en veelzijdige aard, worden al eeuwenlang gevierd in culinaire tradities over de hele wereld. In dit kookboek nodigen we je uit om de rijke en diverse wereld van vijgen te verkennen aan de hand van een samengestelde verzameling van 100 verleidelijke recepten, elk ontworpen om de unieke smaken en texturen van deze geliefde vrucht te laten zien.

Vijgen zijn meer dan alleen een heerlijk tussendoortje; ze zijn een culinaire krachtpatser die zowel zoete als hartige gerechten naar nieuwe hoogten kan tillen. Of je nu een vijgenliefhebber bent of een nieuwsgierige kok die deze veelzijdige vrucht in je repertoire wil opnemen, op deze pagina's vind je inspiratie en begeleiding. Van voorgerechten en salades tot hoofdgerechten, desserts en nog veel meer: er is een op vijgen gericht recept voor elke smaak en elke gelegenheid.

Elk recept in dit kookboek is zorgvuldig samengesteld om de natuurlijke zoetheid en complexiteit van vijgen te benadrukken, terwijl ze ook worden aangevuld met een harmonieuze mix van ingrediënten en smaken. Of je nu geniet van een decadente vijgen- en geitenkaastaart of geniet van een verfrissende vijgen- en prosciuttosalade, bij elke hap ervaar je de magie van vijgen.

Dus of u nu een feestelijke bijeenkomst plant, een gezellig diner voor twee, of gewoon een vleugje elegantie wilt toevoegen aan uw dagelijkse maaltijden, laat "HET ESSENTIËLE VIJGEN KOOKBOEK" uw gids zijn om het volledige potentieel van deze voortreffelijke vrucht te ontsluiten. . Met zijn verleidelijke recepten, handige tips en verbluffende fotografie wordt dit kookboek zeker een geliefde metgezel in uw keuken.

ONTBIJT

1. Geitenkaas En Vijgendonuts

INGREDIËNTEN:
- 2 kopjes All-purpose Flour
- 1 eetlepel bakpoeder
- ½ theelepel zout
- ¼ kopje ongezouten boter, gesmolten
- 1 kopje melk
- 2 grote eieren
- ½ kopje verkruimelde geitenkaas
- ¼ kopje gedroogde vijgen, gehakt

INSTRUCTIES:
a) Verwarm de oven voor op 190 °C en vet een donutpan in met bakspray.
b) Meng in een mengkom de bloem, bakpoeder en zout.
c) Meng in een aparte kom gesmolten boter, melk en eieren.
d) Voeg de natte ingrediënten toe aan de droge ingrediënten en roer tot alles goed gemengd is.
e) Spatel de verkruimelde geitenkaas en de gehakte gedroogde vijgen erdoor.
f) Schep het beslag in de voorbereide donutpan en vul elke vorm ongeveer ¾ vol.
g) Bak gedurende 12-15 minuten of tot de donuts goudbruin zijn.
h) Haal het uit de oven en laat het 5 minuten afkoelen voordat je het uit de pan haalt.

2.Vijgen Hazelnootmelk

INGREDIËNTEN:
- 2 kopjes amandel- of hazelnootmelk
- ½ kopje gedroogde vijgen, fijngehakt
- ½ theelepel vanille-extract
- 2 grote snufjes Himalaya kristalzout of zeezout

INSTRUCTIES:
a) Combineer hazelnootmelk, gedroogde vijgen, vanille-extract en zout in de blender.
b) Mixen tot een gladde substantie.

3.Ontbijtparfait Met Vijgen En Walnoten

INGREDIËNTEN:
- 1 kopje Griekse yoghurt
- 1/4 kop muesli
- 2-3 verse vijgen, in blokjes gesneden
- 2 eetlepels gehakte walnoten
- 1 eetlepel honing
- Snufje kaneel

INSTRUCTIES:

a) Leg in een glas of kom Griekse yoghurt, muesli, in blokjes gesneden vijgen en gehakte walnoten.
b) Sprenkel de honing over de parfait en bestrooi met een snufje kaneel.
c) Herhaal de lagen totdat alle ingrediënten zijn gebruikt en eindig met een laagje gehakte walnoten erop.
d) Serveer de ontbijtparfait met vijgen en walnoten onmiddellijk.

4. Vijgenontbijtwafels

INGREDIËNTEN:
- ¾ kopje gedroogde Californische vijgen
- 2 kopjes cakemeel, gezeefd
- 2 eetlepels Dubbelwerkend bakpoeder
- ½ theelepel zout
- 2 eetlepels suiker
- 1 theelepel geraspte citroenschil
- 3 Eidooiers
- 1½ kopjes melk
- 7 eetlepels Boter of bakvet, gesmolten
- 3 Eiwitten, stijfgeklopt

INSTRUCTIES:
a) Begin door de gedroogde vijgen 10 minuten in kokend water te laten staan.
b) Gebruik daarna een schaar om de stengels en bloesemuiteinden af te knippen en knip ze vervolgens in kleine stukjes. Bewaar wat voor gebruik in de siroop.
c) Zeef het cakemeel en meet het af. Zeef het opnieuw in een mengkom, samen met de resterende droge ingrediënten (dubbelwerkend bakpoeder, zout, suiker, geraspte citroenschil en de fijngesneden vijgen).
d) Meng in een aparte kom de goedgeklopte eierdooiers met melk en de gesmolten boter of het bakvet.
e) Meng de natte ingrediënten lichtjes door de droge ingrediënten tot ze goed gemengd zijn.
f) Spatel het stijfgeklopte eiwit er voorzichtig door.
g) Bak het wafelbeslag op een heet wafelijzer tot de wafels goudbruin zijn.
h) Serveer de wafels met veel boter en warme ahornsiroop waaraan je de achtergehouden gesneden vijgen hebt toegevoegd.
i) Geniet van je heerlijke Vijgenontbijtwafels!

5. Vijgen En Honingyoghurtkom

INGREDIËNTEN:
- 1 kopje Griekse yoghurt
- 2-3 verse vijgen, in plakjes gesneden
- 2 eetlepels gehakte noten (zoals amandelen, walnoten of pecannoten)
- 1 eetlepel honing
- Snufje kaneel

INSTRUCTIES:
a) Schep de Griekse yoghurt in een kom.
b) Leg de gesneden vijgen op de yoghurt.
c) Strooi de gehakte noten over de vijgen.
d) Druppel de honing over de yoghurtkom en bestrooi met een snufje kaneel.
e) Serveer de kom met vijgen-honingyoghurt onmiddellijk.

6. Vijgentoast

INGREDIËNTEN:
- 12 middelgrote vijgen (ongeveer 1 ½ pond)
- 4 plakjes brioche of challah, 2,5 cm dik gesneden
- ½ kopje suiker
- 3 eetlepels Boter
- ½ kopje gewone yoghurt, geroerd tot een gladde massa
- ¼ kopje Gesneden amandelen

INSTRUCTIES:
a) Verwarm uw oven voor op 500 graden Fahrenheit of de hoogst mogelijke stand.
b) Rooster de sneetjes brood door ze rechtstreeks op het ovenrooster te plaatsen en ze in de verwarmde oven te roosteren tot ze goudbruin zijn, wat ongeveer 4 tot 5 minuten duurt. Als u klaar bent, legt u het geroosterde brood op 4 voorverwarmde borden.
c) Terwijl het brood aan het roosteren is, snijdt u de steeltjes van de vijgen. Snijd de vijgen doormidden en dompel ze in de suiker, zorg ervoor dat ze goed bedekt zijn.
d) Verhit 1 eetlepel boter in een koekenpan en voeg de gesneden amandelen toe. Bak ze tot ze goudbruin zijn, wat ongeveer 2 tot 3 minuten duurt. Zet de geroosterde amandelen opzij.
e) Verhit in dezelfde koekenpan de resterende boter tot deze schuimt. Voeg de vijgen toe, met de snijzijde naar beneden, en bak ze tot ze gaar zijn, waarbij je ze één keer omdraait. Dit duurt ongeveer 3 tot 4 minuten.
f) Leg de gebakken vijgen op de geroosterde sneetjes brood en schep het panvocht erover.
g) Bestrijk elke toast met yoghurt en bestrooi met de geroosterde amandelen.
h) Serveer de vijgentoast snel, zodat de toast knapperig blijft.
i) Geniet van je heerlijke vijgentoast!

7.Vijgen En Geitenkaas Omelet

INGREDIËNTEN:
- 3 eieren
- 2-3 verse vijgen, in blokjes gesneden
- 2 eetlepels verkruimelde geitenkaas
- 1 eetlepel gehakte verse basilicum
- Zout en peper naar smaak
- Boter of olijfolie om te koken

INSTRUCTIES:
a) Breek de eieren in een kom en klop tot ze goed zijn geklopt. Breng op smaak met zout en peper.
b) Verhit een koekenpan met antiaanbaklaag op middelhoog vuur en voeg een beetje boter of olijfolie toe.
c) Giet de losgeklopte eieren in de pan en laat ze ongestoord koken tot de randen beginnen te stollen.
d) Strooi de in blokjes gesneden vijgen, verkruimelde geitenkaas en gehakte verse basilicum gelijkmatig over de helft van de omelet.
e) Gebruik een spatel om de andere helft van de omelet over de vulling te vouwen.
f) Laat nog een minuut of twee koken tot de kaas is gesmolten en de omelet gaar is.
g) Laat de omelet op een bord glijden en serveer warm.

8. Vijgen Biscotti

INGREDIËNTEN:
- 2 kopjes All-purpose Flour
- 1 ½ theelepel bakpoeder
- ¼ theelepel zout
- Schil van 2 citroenen
- ½ kopje (1 stokje) ongezouten boter, verzacht
- ¾ kopje kristalsuiker
- 2 grote eieren
- 1 theelepel vanille-extract
- 1 kopje gedroogde vijgen, gehakt
- ½ kopje geschaafde amandelen

INSTRUCTIES:
a) Verwarm uw oven voor op 175°C. Bekleed een bakplaat met bakpapier.
b) Meng in een mengkom de bloem, het bakpoeder, het zout en de citroenschil. Zet dit droge mengsel opzij.
c) Klop in een aparte kom de zachte boter en de kristalsuiker tot een licht en luchtig mengsel, wat ongeveer 2 minuten duurt.
d) Klop de eieren één voor één erdoor en zorg ervoor dat elk ei goed is opgenomen. Roer het vanille-extract erdoor.
e) Voeg geleidelijk het droge mengsel (bloem, bakpoeder, zout en citroenschil) toe aan het natte mengsel (boter, suiker, eieren, vanille). Meng tot er een stevig deeg ontstaat.
f) Vouw de gehakte gedroogde vijgen en de geschaafde amandelen door het deeg.
g) Verdeel het deeg in tweeën en vorm elke helft tot een blok van ongeveer 30 cm lang en 5 cm breed. Plaats deze houtblokken op de voorbereide bakplaat en laat er wat ruimte tussen.
h) Bak in de voorverwarmde oven gedurende ongeveer 25-30 minuten of tot de houtblokken stevig en licht goudbruin zijn.
i) Haal de houtblokken uit de oven en laat ze ongeveer 10 minuten afkoelen. Verlaag de oventemperatuur tot 160°C (325°F).
j) Snijd de houtblokken met een scherp mes diagonaal in biscotti van ½ inch breed. Leg deze plakjes terug op de bakplaat en snij de zijkanten naar boven.

k) Bak de biscotti nog eens 15-20 minuten, of tot ze knapperig en lichtbruin zijn.
l) Laat de citroen-vijgenbiscotti volledig afkoelen op een rooster.
m) Eenmaal afgekoeld bewaar je de biscotti in een luchtdichte verpakking. U kunt er van genieten met een kopje thee of koffie.

9.Vijgen En Prosciutto Ontbijtpizza

INGREDIËNTEN:
- 1 kant-en-klare pizzabodem of platbrood
- 1/2 kopje ricottakaas
- 4-5 verse vijgen, in dunne plakjes gesneden
- 2-3 plakjes prosciutto, in stukjes gescheurd
- 1 eetlepel honing
- Verse rucola ter garnering
- Balsamicoglazuur (optioneel)

INSTRUCTIES:
a) Verwarm uw oven voor volgens de instructies voor de pizzabodem.
b) Verdeel de ricottakaas gelijkmatig over de pizzabodem.
c) Verdeel de gesneden vijgen en de gescheurde prosciutto over de ricotta.
d) Druppel honing over de vijgen en prosciutto.
e) Bak de pizza in de voorverwarmde oven tot de korst goudbruin en knapperig is en de toppings goed opgewarmd zijn, ongeveer 10-12 minuten.
f) Haal het uit de oven en garneer eventueel met verse rucola en een scheutje balsamicoglazuur.
g) Snijd de ontbijtpizza met vijgen en prosciutto in plakjes en serveer deze warm.

10. Vijgenjammuffins

INGREDIËNTEN:
VOOR DE JAM:
- 1 kopje Californische gedroogde vijgen
- 2 kopjes Koud water
- 1 kopje kristalsuiker
- Zout, een snufje
- ¼ theelepel gemalen kruidnagel

VOOR HET BESLAG:
- 2½ kopjes Gezeefd bloem voor alle doeleinden
- 4 theelepels Bakpoeder
- 1 theelepel zout
- 2 eetlepels kristalsuiker
- 6 eetlepels bakvet
- ¾ kopje melk
- 2 eieren

INSTRUCTIES:
VOOR DE JAM:
a) Begin met het spoelen en uitlekken van de gedroogde vijgen uit Californië. Knip vervolgens de stelen af en maal of hak ze fijn.

b) Voeg in een pan de gehakte vijgen en het water toe. Breng het aan de kook en kook al roerend ongeveer 15 minuten, of tot het water is opgenomen.

c) Voeg de kristalsuiker, een snufje zout en gemalen kruidnagel toe aan het vijgenmengsel. Ga door met koken en roeren tot het mengsel een dikke conservenconsistentie heeft bereikt, wat ongeveer 7 tot 10 minuten duurt.

VOOR HET BESLAG:
d) Zeef in een aparte kom de bloem, het bakpoeder, het zout en de kristalsuiker.

e) Verwerk het bakvet door het bloemmengsel totdat het op grove kruimels lijkt.

f) Voeg de melk en de losgeklopte eieren toe aan de droge ingrediënten en roer tot alles goed gemengd is.

g) Vet 12 middelgrote muffinvormpjes in en verdeel het beslag er gelijkmatig over.

h) Maak met een lepel een "putje" bovenop elke muffin.
i) Vul elk "putje" met een lepel van de bereide vijgenjam.
j) Bak de muffins in een hete oven op 220°C gedurende ongeveer 18 minuten of tot ze goudbruin zijn.
k) Serveer de muffins warm met boter en de overgebleven vijgenjam.
l) Geniet van je heerlijke vijgenjammuffins!

11.Vijgen En Amandel Nachtelijke Haver

INGREDIËNTEN:
- 1/2 kop gerolde haver
- 1/2 kopje amandelmelk
- 1/4 kopje Griekse yoghurt
- 1 eetlepel chiazaad
- 2-3 verse vijgen, in blokjes gesneden
- 1 eetlepel honing of ahornsiroop
- 1/4 theelepel vanille-extract
- Gesneden amandelen en extra in blokjes gesneden vijgen voor de topping

INSTRUCTIES:
a) Meng in een pot of kom de havermout, amandelmelk, Griekse yoghurt, chiazaad, in blokjes gesneden vijgen, honing of ahornsiroop en vanille-extract. Roer goed om te combineren.
b) Dek de pot of kom af en zet deze een nacht in de koelkast, of minimaal 4 uur.
c) Voordat je het serveert, roer je de overnight oats goed door. Als de consistentie te dik is, kun je een scheutje amandelmelk toevoegen om het te verdunnen.
d) Bestrooi de nachtelijke haver met gesneden amandelen en extra in blokjes gesneden vijgen voordat u het serveert.

12.Vijgen En Ricotta Gevulde Wentelteefjes

INGREDIËNTEN:
- 4 sneetjes dik gesneden brood (zoals brioche of challah)
- 1/2 kopje ricottakaas
- 2-3 verse vijgen, in dunne plakjes gesneden
- 2 eieren
- 1/4 kopje melk
- 1 theelepel vanille-extract
- 1 eetlepel boter
- Ahornsiroop, om te serveren

INSTRUCTIES:
a) Verdeel een royale laag ricottakaas op twee sneetjes brood. Beleg met de gesneden vijgen en bedek met de overige twee sneetjes brood om sandwiches te maken.
b) Klop in een ondiepe schaal de eieren, melk en vanille-extract samen om het beslag te maken.
c) Verhit de boter in een koekenpan op middelhoog vuur.
d) Doop elke sandwich in het eimengsel en zorg ervoor dat beide zijden gelijkmatig bedekt zijn.
e) Leg de gedoopte sandwiches in de koekenpan en bak ze aan beide kanten goudbruin en knapperig, ongeveer 3-4 minuten per kant.
f) Serveer de gevulde wentelteefjes warm met ahornsiroop erover besprenkeld.

13. Ontbijtwrap met vijgen en spinazie

INGREDIËNTEN:
- 1 grote volkoren tortilla
- 2-3 eetlepels roomkaas
- Handvol verse spinazieblaadjes
- 2-3 verse vijgen, in plakjes gesneden
- 1 eetlepel balsamicoglazuur

INSTRUCTIES:
a) Verdeel de roomkaas gelijkmatig over de volkoren tortilla.
b) Leg de verse spinazieblaadjes en de gesneden vijgen op de roomkaas.
c) Giet het balsamicoglazuur over de vulling.
d) Rol de tortilla strak op tot een wrap.
e) Snijd de wrap doormidden en serveer direct.

SNACKS EN VOORGERECHTEN

14. Walnoot, Vijg En Prosciutto Crostini

INGREDIËNTEN:
- 1 ciabattabrood, in plakjes van ½ inch dik
- Extra vergine olijfolie
- 12 plakjes prosciutto
- ¼ kopje geroosterde walnoten, gehakt
- Extra vergine olijfolie
- 6 rijpe vijgen, in tweeën gescheurd
- 1 bosje verse peterselie
- 1 teentje knoflook, in plakjes gesneden
- Vers gemalen zwarte peper
- 6 eetlepels Balsamicoazijn

INSTRUCTIES:
a) Verwarm een grillpan voor en gril je ciabattaschijfjes.
b) Wrijf de gesneden kant van de knoflook zachtjes over de ciabatta.
c) Besprenkel met extra vergine olijfolie.
d) Leg een stuk prosciutto en een halve vijg op elke hete crostini.
e) Bestrooi met peterselie en walnoten en besprenkel met extra vierge olijfolie.
f) Voeg voor het serveren een scheutje balsamicoazijn toe en breng op smaak met versgemalen zwarte peper.

15. Vijgen Shortcakes

INGREDIËNTEN:
- 2 kopjes All-purpose Flour
- ¼ kopje kristalsuiker
- 1 eetlepel bakpoeder
- ½ theelepel zout
- ½ kopje ongezouten boter, koud en in blokjes
- ¾ kopje karnemelk
- 1 theelepel vanille-extract
- 1 kop verse vijgen, in plakjes gesneden
- Slagroom, om te serveren

INSTRUCTIES:
a) Verwarm uw oven voor op 220°C.
b) Meng in een grote kom de bloem, suiker, bakpoeder en zout.
c) Voeg de koude, in blokjes gesneden boter toe aan de droge ingrediënten. Gebruik een deegsnijder of je vingers om de boter door het bloemmengsel te snijden totdat het op grove kruimels lijkt.
d) Maak een kuiltje in het midden van het mengsel en giet de karnemelk en het vanille-extract erin. Roer tot het net gemengd is.
e) Leg het deeg op een met bloem bestoven oppervlak en kneed het een paar keer voorzichtig totdat het samenhangt.
f) Dep het deeg in een ronde lap van 2,5 cm dik en steek er shortcakes uit met een koekjesvormer.
g) Leg de shortcakes op een bakplaat bekleed met bakpapier.
h) Bak gedurende 12-15 minuten of tot ze goudbruin zijn.
i) Haal ze uit de oven en laat ze iets afkoelen.
j) Snijd de shortcakes horizontaal doormidden. Vul ze met gesneden vijgen en slagroom. Bestrijk met de andere helft van de shortcake en serveer.

16. Gegrilde Cantharellen En In Prosciutto Verpakte Vijgen

INGREDIËNTEN:
- 4 ons Prosciutto di Parma in dunne plakjes gesneden
- ½ kopje extra vergine olijfolie
- 3 eetlepels Balsamicoazijn
- ½ theelepel zout
- ¼ theelepel Peper
- 10 rijpe maar stevige Black Mission-vijgen, bijgesneden en in de lengte gehalveerd
- 4 ons cantharelpaddestoelen schoongeveegd
- 8 kopjes Rucolablaadjes los verpakt
- ¼ kopje Gemengde eetbare bloemen (optioneel)

INSTRUCTIES:
a) Snijd met een klein scherp mes twintig reepjes van 3 bij 1 inch uit de prosciutto. Snijd de resterende prosciutto in reepjes van 1 inch.
b) Meng in een kleine kom de olijfolie, balsamicoazijn, zout en peper. Bewaar een kopje dressing en zet opzij. Giet de resterende vinaigrette in een middelgrote, niet-reactieve kom. Voeg de vijgenhelften en de champignons toe en roer voorzichtig. Laat 30 minuten marineren.
c) Steek een grill aan of verwarm de grill voor. Haal de vijgenhelften één voor één uit de marinade en wikkel ze afzonderlijk in de grote reepjes prosciutto. Wissel af met de champignons en rijg 5 van de omwikkelde vijgenhelften op elk van de vier 25 cm lange houten spiesen.
d) Grill of rooster ongeveer 1 minuut aan elke kant tot ze lichtbruin zijn.
e) Breng over naar een bord.
f) Meng de rucola met de gereserveerde dressing in een grote slakom.
g) Verdeel over 4 grote saladeborden. Schik de in prosciutto gewikkelde vijgen en champignons van 1 spies op elke salade.
h) Garneer met eetbare bloemen en de overgebleven kleine reepjes prosciutto. Serveer onmiddellijk.

17. Vijgenbeignets

INGREDIËNTEN:
- 24 Stevige rijpe vijgen
- 2 eieren, gescheiden
- ⅝ kopje Melk
- 1 eetlepel olie
- 1 snufje zout
- Geraspte citroenschil
- 20½ ons bloem
- 1 eetlepel suiker
- Olie om te frituren

INSTRUCTIES:
a) Klop in een kom de eierdooiers met de melk, olie, zout en citroenschil.
b) Roer de bloem en de suiker erdoor en meng goed. Zet het beslag 2 uur in de koelkast.
c) Klop de eiwitten stijf en spatel ze door het beslag. Doop de vijgen in het beslag en bak ze in diepe, hete olie goudbruin.
d) Laat even uitlekken en bestrooi met suiker. Abrikozen, bananen en ander fruit kunnen op dezelfde manier worden bereid.

18. Gevulde afb

INGREDIËNTEN:
- 8 rijpe vijgen
- ½ kopje ricottakaas
- 2 eetlepels honing
- ¼ kopje gehakte walnoten

INSTRUCTIES:
a) Snijd van elke vijg het steeltje af en maak een X aan de bovenkant.
b) Druk voorzichtig op de onderkant van de vijg om hem te openen.
c) Meng ricottakaas, honing en gehakte walnoten in een kom.
d) Vul elke vijg met het ricottamengsel.
e) Koel Serveren.

19. Dulse-truffels van vijgen en walnoten

INGREDIËNTEN:
- 12 gedroogde vijgen geweekt in water, steel verwijderd en gehalveerd
- Anderhalve kop walnoten
- 1 eetlepel dulse, in vlokken
- 1 snufje zout
- 1 theelepel vanille
- 1 eetlepel rauwe cacaoboter, geraspt
- ¼ kopje rauw cacaopoeder plus extra of geraspte pure chocolade.
- Een scheutje ananassap of een apart gehouden vloeistof van geweekte vijgen, indien nodig.

INSTRUCTIES:
a) Pureer de walnoten, dulse en zout in een keukenmachine met een S-mes.
b) Giet de vijgen af en bewaar het vocht.
c) Voeg vijgen toe aan walnoten met de overige ingrediënten en pulseer tot het mengsel net samenkomt.
d) Vorm op een vierkant bord. Laat afkoelen en snij in kleine vierkantjes. Bestrooi met rauwe cacao. Of rol er balletjes van en bestrooi ze met cacaopoeder of geraspte chocolade.

20.Pittige vijgen- en walnootvuurraderen

INGREDIËNTEN:
- 1 kop gehakte Calimyrna-vijgen (ongeveer 6 ons)
- ¼ kopje Plus 2 eetlepels water
- ¼ kopje kristalsuiker
- ¼ kopje Gehakte walnoten
- 1½ kopjes Bloem voor alle doeleinden
- ½ theelepel zuiveringszout
- ¼ theelepel zout
- 1 theelepel Gemalen kaneel
- ½ theelepel Gemalen nootmuskaat
- ½ kopje (1 stokje) ongezouten boter; op kamertemperatuur
- ¾ kopje Stevig verpakte donkerbruine suiker
- ¼ kopje zure room
- ½ theelepel Citroenextract

INSTRUCTIES:
a) Combineer de vijgen, het water en de kristalsuiker in een kleine pan.
b) Kook op middelhoog vuur gedurende ongeveer 5 minuten, onder voortdurend roeren, tot het water is opgenomen.
c) Haal van het vuur, roer de walnoten erdoor en laat afkoelen. Meng in een kom de bloem, baksoda, zout en kruiden.
d) Klop in een grote mengkom de boter en de bruine suiker met een elektrische mixer op gemiddelde snelheid tot een bleek en glad mengsel. Klop op lage snelheid de zure room erdoor en vervolgens het citroenextract.
e) Roer het bloemmengsel erdoor met een houten lepel. Leg het deeg op een kleine bakplaat die is bekleed met vetvrij papier. Vorm met een rubberen spatel een rechthoek van ongeveer 8 bij 6 inch. Bedek met een tweede vel vetvrij papier en laat het 30 minuten in de koelkast staan.
f) Rol het deeg uit op de bakplaat tot een rechthoek van 12 bij 9 inch. Verwijder het bovenste vel vetvrij papier. Verdeel de vijgenvulling gelijkmatig over de bovenkant en laat een rand van ½ inch vrij langs de lange zijden. Vouw de rand langs een van de lange randen om en rol het deeg strak op als een jelly roll.

g) Knijp de tegenoverliggende rand dicht om deze af te dichten. Wikkel het vetvrij papier in en laat het minimaal 3 uur in de koelkast staan.
h) Verwarm de oven voor op 375 F.
i) Snijd de rol in plakjes van ¼ inch en plaats deze op niet-ingevette bakplaten.
j) Bak ongeveer 12 minuten, tot het licht gekleurd is en stevig aanvoelt.
k) Laat de koekjes 1 minuut afkoelen op de vellen en plaats ze vervolgens op roosters om het afkoelen te voltooien.

21.Vijgen Kokosballetjes

INGREDIËNTEN:

- ¾ kopje gedroogde Californische vijgen
- ¾ kopje geraspte kokosnoot
- ½ kopje notenvlees
- 1 theelepel geraspte citroenschil
- 1 theelepel Citroensap

INSTRUCTIES:

a) Begin met het stomen van de Californische gedroogde vijgen. Gebruik na het stomen een schaar om de stelen af te knippen en vervolgens fijn te malen of te hakken.
b) Maal het kokos- en notenvlees tot een fijne consistentie.
c) Combineer de gestoomde en gehakte vijgen, gemalen kokosnoot, notenvlees, geraspte citroenschil en citroensap. Werk ze samen totdat ze een pasta-achtige consistentie vormen. Indien nodig kunt u meer citroensap toevoegen om de gewenste textuur te verkrijgen.
d) Vorm het mengsel in kleine balletjes, ongeveer ¾ inch in diameter.
e) Rol deze gevormde balletjes in fijngehakte kokosnoot om ze te bedekken.
f) Geniet van je heerlijke California Fig Coconut Balls!

22.Vijgen En Geitenkaas Crostini Met Honing

INGREDIËNTEN:
- Stokbrood, gesneden
- Verse vijgen, in plakjes gesneden
- Geitenkaas
- Honing
- Verse tijmblaadjes
- Olijfolie
- Zout en peper

INSTRUCTIES:
a) Verwarm de oven voor op 190°C.
b) Leg de sneetjes stokbrood op een bakplaat en bestrijk ze lichtjes met olijfolie. Bak tot ze goudbruin en knapperig zijn, ongeveer 8-10 minuten.
c) Verdeel de geitenkaas op elk geroosterd sneetje stokbrood.
d) Beleg met de gesneden vijgen, besprenkel met honing en bestrooi met verse tijmblaadjes.
e) Breng op smaak met zout en peper.
f) Serveer de crostini onmiddellijk.

23. Vijgen En Prosciutto Spiesjes

INGREDIËNTEN:
- Verse vijgen
- Plakjes prosciutto, in reepjes gesneden
- Balsamico glazuur
- Houten spiesjes

INSTRUCTIES:
a) Snijd de vijgen doormidden.
b) Omwikkel elke vijgenhelft met een reepje prosciutto.
c) Rijg de omwikkelde vijgen aan houten spiesjes.
d) Besprenkel met balsamicoglazuur.
e) Serveer als een elegant hapjesvoorgerecht.

24. Met Vijgen En Blauwe Kaas Gevulde Champignons

INGREDIËNTEN:
- Grote champignons (zoals cremini of portobello)
- Verse vijgen, in blokjes gesneden
- Blauwe kaas, verkruimeld
- Knoflook, gehakt
- Verse peterselie, gehakt
- Olijfolie
- Zout en peper

INSTRUCTIES:
a) Verwarm de oven voor op 190°C.
b) Verwijder de steeltjes van de champignons en schep voorzichtig een deel van de kieuwen eruit om ruimte te maken voor de vulling.
c) Meng in een kom de in blokjes gesneden vijgen, verkruimelde blauwe kaas, gehakte knoflook, gehakte peterselie, olijfolie, zout en peper.
d) Vul elke champignonhoed met het mengsel van vijgen en blauwe kaas.
e) Leg de gevulde champignons op een bakplaat bekleed met bakpapier.
f) Bak in de voorverwarmde oven gedurende 15-20 minuten, of tot de champignons gaar zijn en de vulling bubbelt.
g) Serveer de gevulde champignons warm als heerlijk aperitiefhapje.

25.Vijgen En Brie Quesadillas

INGREDIËNTEN:
- Bloem tortilla's
- Verse vijgen, in plakjes gesneden
- Brie-kaas, in plakjes gesneden
- Honing
- Verse tijmblaadjes
- Olijfolie of boter

INSTRUCTIES:
a) Verhit een koekenpan op middelhoog vuur en bestrijk één kant van een bloemtortilla lichtjes met olijfolie of boter.
b) Leg de tortilla met de geoliede kant naar beneden in de koekenpan.
c) Schik plakjes Brie-kaas en verse vijgen op de ene helft van de tortilla.
d) Besprenkel de vijgen met honing en bestrooi met verse tijmblaadjes.
e) Vouw de andere helft van de tortilla over de vulling zodat er een halve maanvorm ontstaat.
f) Kook tot de bodem goudbruin is en de kaas gesmolten is, draai dan om en bak de andere kant.
g) Haal uit de pan en snijd in partjes. Serveer warm.

26. Vijgen En Pistachebruschetta

INGREDIËNTEN:
- Stokbrood, gesneden
- Verse vijgen, in plakjes gesneden
- Ricotta kaas
- Pistachenoten, gehakt
- Honing
- Balsamico glazuur

INSTRUCTIES:
a) Rooster de sneetjes stokbrood goudbruin en knapperig.
b) Verdeel op elke toast een laagje ricottakaas.
c) Beleg met gesneden vijgen en gehakte pistachenoten.
d) Besprenkel met honing en balsamicoglazuur.
e) Serveer de bruschetta direct als heerlijk voorgerecht.

27.In Vijgen En Bacon Verpakte Dadels

INGREDIËNTEN:
- Medjool dadels, ontpit
- Verse vijgen, gehalveerd
- Plakjes spek, gehalveerd
- Balsamico glazuur
- Tandenstokers

INSTRUCTIES:
a) Verwarm de oven voor op 190°C.
b) Vul elke dadel met een halve vijg.
c) Omwikkel elke gevulde dadel met een half plakje spek en zet vast met een tandenstoker.
d) Leg de ingepakte dadels op een bakplaat bekleed met bakpapier.
e) Bak in de voorverwarmde oven gedurende 15-20 minuten, of tot het spek knapperig is.
f) Besprenkel voor het serveren met balsamicoglazuur. Geniet van deze zoete en hartige hapjes!

28. Vijgen En Feta Phyllo Driehoeken

INGREDIËNTEN:
- Fyllodeegvellen, ontdooid
- Verse vijgen, in blokjes gesneden
- Fetakaas, verkruimeld
- Honing
- Olijfolie of gesmolten boter

INSTRUCTIES:
a) Verwarm de oven voor op 190°C (375°F) en bekleed een bakplaat met bakpapier.
b) Snijd de filodeegvellen in vierkanten of rechthoeken.
c) Plaats een kleine lepel in blokjes gesneden vijgen en verkruimelde fetakaas in het midden van elk filodeegstuk.
d) Druppel honing over de vulling.
e) Vouw het filodeeg over de vulling om driehoeken te vormen en bestrijk elke driehoek met olijfolie of gesmolten boter om ze af te dichten.
f) Plaats de gevulde driehoeken op de voorbereide bakplaat.
g) Bak in de voorverwarmde oven gedurende 12-15 minuten, of tot ze goudbruin en knapperig zijn.
h) Serveer de filodeegdriehoeken met vijgen en feta warm als heerlijk aperitiefoptie.

BROODJES EN WRAPS

29. Mozzarella, prosciutto en vijgenjam Gegrilde kaas

INGREDIËNTEN:
- 4 zachte Franse of Italiaanse broodjes (of half gebakken indien beschikbaar)
- 10-12 ons verse mozzarella, in dikke plakjes gesneden
- 8 ons prosciutto, in dunne plakjes gesneden
- ¼-½ kopje vijgenjam of vijgenconserven, naar smaak
- Zachte boter om op brood te smeren

INSTRUCTIES:
a) Verdeel elke rol en beleg met de mozzarella en prosciutto. Bestrijk de bovenste plakjes met de vijgenjam en sluit ze.
b) Beboter de buitenkant van elke sandwich lichtjes.
c) Verhit een zware koekenpan met anti-aanbaklaag of paninipers op middelhoog vuur.
d) Plaats de sandwiches in de pan, werk in twee batches, afhankelijk van de grootte van de pan. Druk de sandwiches aan of sluit de grill en bak ze bruin, een of twee keer draaiend, tot het brood knapperig is en de kaas is gesmolten.
e) Hoewel de rollen rond beginnen, zijn ze, eenmaal ingedrukt, aanzienlijk platter en kunnen ze gemakkelijk worden gedraaid, zij het voorzichtig.

30. Prosciutto & Taleggio Met Vijgen Op Mesclun

INGREDIËNTEN:

- 8 hele dunne sneetjes zuurdesembrood of stokbrood
- 3 eetlepels extra vergine olijfolie, verdeeld
- 4 ons prosciutto, in 8 plakjes gesneden
- 8 ons rijpe Taleggio-kaas, in acht stukken gesneden
- 4 grote handenvol lentesalademix (mesclun)
- 2 eetlepels gehakte verse bieslook
- 2 eetlepels gehakte verse kervel
- 1 eetlepel vers citroensap Zout
- Zwarte peper
- 6 rijpe zwarte vijgen, in vieren
- 2 theelepels balsamicoazijn

INSTRUCTIES:

a) Bestrijk het brood lichtjes met een klein beetje olijfolie en leg het op een bakplaat. 2 Verwarm de oven voor op 400 ° F. Plaats het brood op het hoogste rooster en bak ongeveer 5 minuten, of totdat ze net knapperig beginnen te worden. Verwijder en laat afkoelen, ongeveer 10 minuten.

b) Wanneer ze afgekoeld zijn, wikkel je de plakjes prosciutto om de plakjes Taleggio en leg je ze allemaal op een stuk brood. Neem even de tijd terwijl je de salade klaarmaakt.

c) Meng de greens met ongeveer 1 eetlepel olijfolie, de bieslook en de kervel en meng met het citroensap, zout en peper naar smaak. Verdeel over 4 borden en garneer met de vijgenkwarten.

d) Bestrijk de bovenkanten van de in prosciutto verpakte pakketjes met de resterende olijfolie, doe ze in een grote ovenvaste koekenpan en bak ze 5 tot 7 minuten, of tot de kaas begint te sijpelen en de prosciutto knapperig begint te worden aan de randen.

e) Verwijder snel de pakketjes en schik ze op elke salade. Schud vervolgens de balsamicoazijn in de hete pan. Roer zodat het warm wordt en giet het dan over de salades en toast. Serveer meteen.

31. Veggie Burger Met Vijgen En Gekarameliseerde Ui

INGREDIËNTEN:
- Vegetarische burgerpasteitjes (in de winkel gekocht of zelfgemaakt)
- Verse vijgen, in plakjes gesneden
- Gekarameliseerde uien
- Zwitserse kaasplakken
- Volkoren burgerbroodjes
- Gemengde groenten
- Mayonaise of je favoriete burgersaus
- Olijfolie
- Zout en peper

INSTRUCTIES:
a) Kook de vegetarische burgerpasteitjes volgens de instructies op de verpakking of de receptaanwijzingen.
b) Verhit olijfolie in een koekenpan op middelhoog vuur en karameliseer de uien tot ze goudbruin en zacht zijn.
c) Rooster de volkoren burgerbroodjes lichtjes op de grill of in een broodrooster.
d) Smeer mayonaise of je favoriete burgersaus op de onderste helften van de broodjes.
e) Leg de gekookte vegetarische burgerpasteitjes op de met saus bedekte broodjes.
f) Beleg elk pasteitje met gesneden vijgen, gekarameliseerde uien en plakjes Zwitserse kaas.
g) Voeg er een handvol gemengde groenten bovenop.
h) Plaats de bovenste helften van de broodjes op de greens om de burgers compleet te maken.
i) Serveer onmiddellijk en geniet ervan!

32.Vijgen En Prosciutto Sandwiches

INGREDIËNTEN:
- 1 Brood rozemarijnfocaccia
- 3 vijgen; in dunne rondjes gesneden
- 1 plakje prosciutto
- 1 handvol gewassen rucola
- Olijfolie
- Vers gemalen zwarte peper; proeven

INSTRUCTIES:
a) Snijd 4 stukken focaccia verticaal in dunne plakjes.
b) Leg een laagje vijgen op één stuk focaccia.
c) Voeg een plakje prosciutto en een handvol rucola toe.
d) Besprenkel de rucola met olijfolie. Breng op smaak met peper.
e) Druk stevig op de sandwich om deze plat te maken. Gehalveerd.

33.Sandwich met vijgen, prosciutto en rucola

INGREDIËNTEN:
- Ciabattabrood of je favoriete sandwichbrood
- Verse vijgen, in plakjes gesneden
- Dun gesneden prosciutto
- Verse rucolabladeren
- Balsamico glazuur
- Olijfolie
- Zout en peper

INSTRUCTIES:
a) Snijd het ciabattabrood horizontaal door en rooster het indien gewenst lichtjes.
b) Besprenkel de onderste helft van het brood met olijfolie en leg de gesneden vijgen erop.
c) Leg de plakjes prosciutto over de vijgen, gevolgd door een handvol verse rucolablaadjes.
d) Giet het balsamicoglazuur over de rucola en breng op smaak met peper en zout.
e) Plaats de bovenste helft van het brood over de vulling en vorm een sandwich.
f) Snijd de sandwich in individuele porties en serveer onmiddellijk.

34. Wrap met gegrilde vijgen, geitenkaas en honing

INGREDIËNTEN:
- Meeltortilla's of wraps
- Verse vijgen, gehalveerd
- Geitenkaas
- Honing
- Verse tijmblaadjes
- Olijfolie

INSTRUCTIES:
a) Verwarm een grill- of grillpan voor op middelhoog vuur.
b) Bestrijk de gehalveerde vijgen met olijfolie en leg ze op de grill, met de snijzijde naar beneden. Grill 2-3 minuten tot ze zacht zijn en er grillsporen verschijnen.
c) Verwarm de bloemtortilla's of wraps volgens de instructies op de verpakking.
d) Verdeel op elke tortilla een laagje geitenkaas.
e) Verdeel de gegrilde vijgen over de geitenkaas.
f) Besprenkel de vijgen met honing en bestrooi met verse tijmblaadjes.
g) Rol de tortilla's op tot wraps.
h) Snijd de wraps doormidden en serveer warm of op kamertemperatuur.

35. Vijgen, Kalkoen En Brie Panini

INGREDIËNTEN:
- Sneetjes zuurdesembrood
- Verse vijgen, in plakjes gesneden
- Gesneden kalkoenborst
- Brie-kaas, in plakjes gesneden
- Boter of olijfolie
- Dijon-mosterd (optioneel)

INSTRUCTIES:
a) Verhit een paninipers of grillpan op middelhoog vuur.
b) Beboter één kant van elk sneetje zuurdesembrood of bestrijk het met olijfolie.
c) Leg een sneetje brood met de beboterde kant naar beneden op een werkblad.
d) Verdeel indien gewenst Dijon-mosterd over het brood.
e) Leg gesneden kalkoen, gesneden vijgen en gesneden Brie-kaas op het brood.
f) Leg er nog een sneetje brood op, met de beboterde kant naar boven.
g) Leg de sandwich in de paninipers of grillpan en bak tot hij goudbruin is en de kaas gesmolten is.
h) Haal van het vuur, snijd de panini doormidden en serveer warm.

36. Vijgen En Brie Kalkoenburger

INGREDIËNTEN:
- Gemalen kalkoen
- Verse vijgen, in plakjes gesneden
- Brie-kaas, in plakjes gesneden
- Hamburger broodjes
- Bladeren van babyspinazie
- Rode ui, in dunne plakjes gesneden
- Dijon mosterd
- Olijfolie
- Zout en peper

INSTRUCTIES:
a) Breng de gemalen kalkoen op smaak met zout en peper en vorm er burgerpasteitjes van.
b) Verhit olijfolie in een koekenpan op middelhoog vuur.
c) Kook de kalkoenpasteitjes ongeveer 4-5 minuten aan elke kant, of tot ze gaar zijn.
d) Rooster de burgerbroodjes lichtjes in een broodrooster of op de grill.
e) Verdeel Dijon-mosterd over de onderste helften van de broodjes.
f) Leg de gekookte kalkoenpasteitjes op de met mosterd bedekte broodjes.
g) Beleg elk pasteitje met gesneden vijgen en briekaas.
h) Voeg een handvol babyspinazieblaadjes en in dunne plakjes gesneden rode ui toe.
i) Leg de bovenste helften van de broodjes erop om de burgers compleet te maken.
j) Serveer warm en geniet ervan!

37. Vijgen-, prosciutto- en geitenkaas-flatbread

INGREDIËNTEN:
- Flatbread of naanbrood
- Verse vijgen, in plakjes gesneden
- Dun gesneden prosciutto
- Geitenkaas
- Balsamico glazuur
- Verse basilicumblaadjes
- Olijfolie

INSTRUCTIES:
a) Verwarm de oven voor op 190°C.
b) Leg het flatbread of naanbrood op een bakplaat.
c) Verdeel de geitenkaas gelijkmatig over het flatbread.
d) Verdeel de gesneden vijgen en prosciutto over de geitenkaas.
e) Besprenkel met balsamicoglazuur en een scheutje olijfolie.
f) Bak in de voorverwarmde oven gedurende 10-12 minuten, of totdat het flatbread knapperig is en de toppings warm zijn.
g) Haal uit de oven, bestrooi met verse basilicumblaadjes en snijd in partjes. Serveer warm.

38. Vijgen-, ham- en Zwitserse kaaspanini met vijgenjam

INGREDIËNTEN:
- Sneetjes zuurdesembrood
- Vijgenjam
- Dun gesneden ham
- Gesneden Zwitserse kaas
- Boter

INSTRUCTIES:
a) Smeer vijgenjam op één kant van elk sneetje zuurdesembrood.
b) Leg dun gesneden ham en gesneden Zwitserse kaas op de vijgenjam.
c) Leg er nog een sneetje zuurdesembrood op, zodat er een sandwich ontstaat.
d) Beboter de buitenkant van de sandwich.
e) Verhit een paninipers of grillpan op middelhoog vuur.
f) Leg de sandwich in de paninipers of grillpan en bak tot het brood goudbruin is en de kaas gesmolten is.
g) Haal van het vuur, snijd de panini doormidden en serveer warm.

39. Vijgen-, spek- en Goudse wrap met uien

INGREDIËNTEN:
- Meeltortilla's of wraps
- Verse vijgen, in plakjes gesneden
- Gekookte plakjes spek
- Gesneden Goudse kaas
- Gekarameliseerde uien
- Rucola bladeren

INSTRUCTIES:
a) Verwarm de bloemtortilla's of wraps volgens de instructies op de verpakking.
b) Leg op elke tortilla gesneden vijgen, gekookt spek, gesneden Goudse kaas, gekarameliseerde uien en rucolablaadjes.
c) Rol de tortilla's op tot wraps.
d) Snij de wraps doormidden en serveer direct.

40. Vijgen En Blauwe Kaasburger

INGREDIËNTEN:
- Rundergehakt of eiwit naar keuze (zoals kalkoen of plantaardig)
- Verse vijgen, in plakjes gesneden
- Blauwe kaas, verkruimeld
- Hamburger broodjes
- Rucola of gemengde groenten
- Balsamico glazuur
- Zout en peper

INSTRUCTIES:
a) Vorm van het gehakt hamburgerpasteitjes en breng op smaak met zout en peper.
b) Grill of kook de pasteitjes tot de gewenste gaarheid.
c) Rooster de burgerbroodjes lichtjes op de grill of in een broodrooster.
d) Zet de burgers in elkaar door de gekookte pasteitjes op de onderste helften van de broodjes te plaatsen.
e) Beleg elk pasteitje met gesneden vijgen en verkruimelde blauwe kaas.
f) Druppel het balsamicoglazuur over de toppings.
g) Voeg een handvol rucola of gemengde groenten toe.
h) Plaats de bovenste helften van de broodjes op de greens om de burgers compleet te maken.
i) Serveer onmiddellijk en geniet ervan!

HOOFDGERECHT

41. Vijgen En Gorgonzola Gevulde Varkenshaas

INGREDIËNTEN:
- 1 varkenshaasje (ongeveer 1 pond)
- 6-8 verse vijgen, zonder steel en in plakjes gesneden
- 1/2 kopje verkruimelde Gorgonzola-kaas
- 2 eetlepels balsamicoazijn
- 1 eetlepel olijfolie
- Zout en peper naar smaak

INSTRUCTIES:
a) Verwarm de oven voor op 190°C.
b) Maak de varkenshaas open door hem in de lengte door het midden te snijden, zonder hem helemaal door te snijden.
c) Open de varkenshaas plat en bestrooi met zout en peper.
d) Leg de gesneden vijgen en verkruimelde Gorgonzola-kaas over het varkensvlees.
e) Rol de varkenshaas op en zet hem vast met keukentouw op intervallen van 2,5 cm.
f) Meng balsamicoazijn en olijfolie in een kleine kom.
g) Bestrijk de varkenshaas met het balsamicomengsel.
h) Plaats de varkenshaas in een ovenschaal en rooster deze in de voorverwarmde oven gedurende 25-30 minuten, of tot de interne temperatuur 63°C bedraagt.
i) Laat het varkensvlees 5 minuten rusten voordat u het aansnijdt. Serveer eventueel met extra vijgen en een scheutje balsamicoglazuur.

42. Met Vijgen En Prosciutto Gevulde Portobello-champignons

INGREDIËNTEN:
- 4 grote portobello-champignons, stengels verwijderd
- 6-8 verse vijgen, zonder steel en in blokjes
- 4 plakjes prosciutto, gehakt
- 1/2 kopje verkruimelde geitenkaas
- 2 eetlepels balsamicoglazuur
- 2 eetlepels olijfolie
- Zout en peper naar smaak

INSTRUCTIES:
a) Verwarm de oven voor op 190°C.
b) Leg de portobello-champignons op een bakplaat bekleed met bakpapier.
c) Meng in een kom de in blokjes gesneden vijgen, de gehakte prosciutto en de verkruimelde geitenkaas. Breng op smaak met zout en peper.
d) Schep het vijgenmengsel in de champignonhoedjes en verdeel gelijkmatig.
e) Besprenkel de champignons met balsamicoglazuur en olijfolie.
f) Bak in de voorverwarmde oven gedurende 20-25 minuten, of tot de champignons gaar zijn en de vulling is opgewarmd.
g) Serveer warm, indien gewenst gegarneerd met verse kruiden. Geniet van deze smaakvolle en elegante gevulde champignons als hoofdgerecht of voorgerecht.

43. Met Vijgen En Walnoten Gevulde Kipfilet

INGREDIËNTEN:
- 4 kipfilets zonder bot en zonder vel
- 6-8 verse vijgen, zonder steel en in blokjes
- 1/2 kop gehakte walnoten
- 1/4 kopje verkruimelde fetakaas
- 2 eetlepels honing
- 1 eetlepel balsamicoazijn
- Zout en peper naar smaak

INSTRUCTIES:
a) Verwarm de oven voor op 190°C.
b) Meng in een kom de in blokjes gesneden vijgen, gehakte walnoten, verkruimelde fetakaas, honing, balsamicoazijn, zout en peper.
c) Snijd in elke kipfilet een zak.
d) Vul elke kipfilet met het vijgenmengsel.
e) Kruid de buitenkant van de kipfilets met zout en peper.
f) Plaats de gevulde kipfilets in een ovenschaal.
g) Bak gedurende 25-30 minuten, of tot de kip gaar is.
h) Serveer warm, indien gewenst gegarneerd met extra honing en walnoten.

44.Met Vijgen En Ricotta Gevulde Pastaschelpen

INGREDIËNTEN:
- 16 grote pastaschelpen, gekookt volgens de instructies op de verpakking
- 6-8 verse vijgen, zonder steel en in blokjes
- 1 kopje ricottakaas
- 1/2 kop geraspte mozzarellakaas
- 1/4 kop geraspte Parmezaanse kaas
- 1 ei
- Zout en peper naar smaak
- Marinarasaus om te serveren

INSTRUCTIES:
a) Verwarm de oven voor op 190°C.
b) Meng in een kom de in blokjes gesneden vijgen, ricotta, mozzarella, Parmezaanse kaas, ei, zout en peper.
c) Vul elke gekookte pastaschelp met het vijgen- en kaasmengsel.
d) Plaats de gevulde schelpen in een ovenschaal.
e) Bak gedurende 20-25 minuten, of tot het gaar is en de kaas bubbelt.
f) Serveer warm met marinarasaus erover besprenkeld.

45. Vijgen En Walnoten Salade Met Gegrilde Zalm

INGREDIËNTEN:
- 4 zalmfilets
- Zout en peper naar smaak
- Olijfolie
- 6-8 verse vijgen, zonder steel en in vieren
- 1/2 kopje walnoten, gehakt en geroosterd
- Gemengde groene salades
- Balsamicovinaigrettedressing

INSTRUCTIES:
a) Kruid de zalmfilets met peper en zout en besprenkel met olijfolie.
b) Grill de zalmfilets op middelhoog vuur tot ze gaar zijn, ongeveer 4-5 minuten per kant.
c) Meng in een grote kom de gemengde salade, de in vieren gesneden vijgen en de geroosterde walnoten.
d) Besprenkel met balsamicovinaigrettedressing en roer voorzichtig door.
e) Serveer de gegrilde zalm op de vijgen-walnotensalade.

PIZZA EN PIZZETTES

46. Vijg, Ui & Microgroen Pizza's

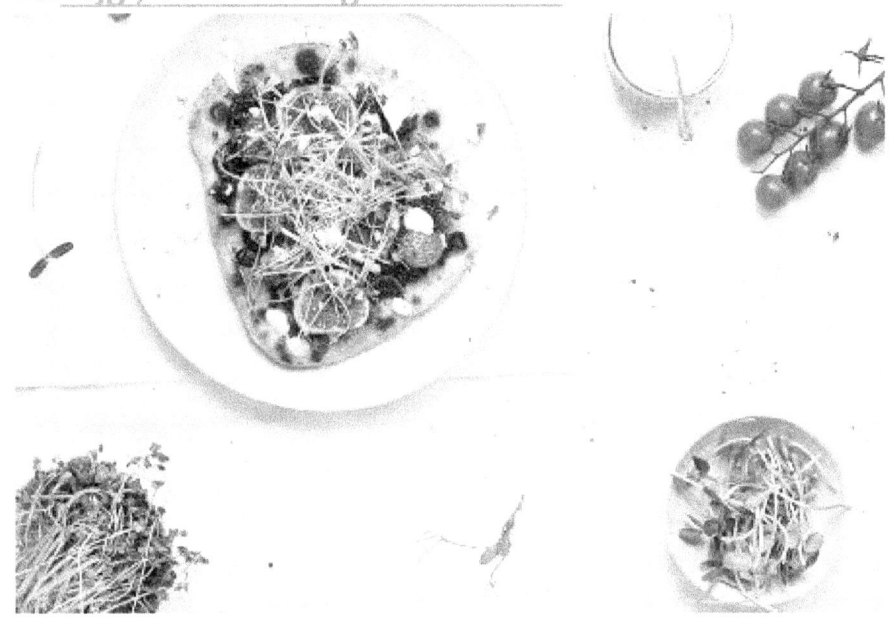

INGREDIËNTEN:
FLATBROODDEEG
- 300 g Zelfrijzend bakmeel Wat extra om te bestuiven
- 2 snufjes zout
- 300 g kokosyoghurt
- 1 theelepel bakpoeder
- 3 Eetlepels Olijfolie

GEKARAMELISEERDE UIEN
- 600 g Rode uien In plakjes gesneden
- 1 Eetlepel Olijfolie
- ¼ theelepel zout
- 1 Eetlepel Balsamicoazijn
- 2 theelepels Ahornsiroop

TOPPINGEN
- 150 g Cherrytomaatjes Gehalveerd
- 8 Vijgen Gesneden
- 100 g Feta-kaas
- 150 g Pittige mix microgroenten

INSTRUCTIES:
GEKARAMELISEERDE UIEN
a) Verhit de olie in een pan en fruit de uien gedurende 15 minuten.
b) Breng op smaak met zout.
c) Voeg de azijn en ahornsiroop toe; kook nog 5 minuten.

FLATBROODDEEG
d) Verwarm de oven voor op 180c
e) Doe alle droge ingrediënten van het deeg in een kom en roer de yoghurt erdoor.
f) Bestuif een oppervlak met bloem en kneed het vervolgens gedurende 8 minuten zachtjes.
g) Laat het deeg 10 minuten rusten.
h) Verdeel het deeg in 8 balletjes en rol een stuk deeg uit tot een cirkel.
i) Verhit 1 theelepel olijfolie en plaats het uitgerolde deeg in de koekenpan en bak elke kant gedurende 2 minuten.

TOPPINGEN

j) Leg de gekarameliseerde uien op de flatbreads en verdeel goed.

k) Bestrooi ze met 50 g zuivelvrije feta-kruimels, halve kerstomaatjes en plakjes vijg en bak ze vervolgens 7 minuten in de voorverwarmde oven.

l) Haal het gerecht uit de oven, beleg het met een bosje gemengde microgreens, verkruimel de resterende fetakaas en breng op smaak met veel versgemalen peper.

m) Genieten!

47. Vijgen En Pancetta Pizza

INGREDIËNTEN:
- pizza deeg
- Olijfolie
- 6-8 verse vijgen, zonder steel en in plakjes gesneden
- 4 ons pancetta, in dunne plakjes gesneden
- 1 kop geraspte mozzarellakaas
- 1/4 kopje verkruimelde blauwe kaas
- Balsamico glazuur
- Rucola (optioneel)

INSTRUCTIES:
a) Verwarm uw oven voor op de hoogste temperatuurstand.
b) Rol het pizzadeeg uit op een met bloem bestoven oppervlak en leg het op een bakplaat of pizzasteen.
c) Druppel olijfolie over het deeg.
d) Verdeel de geraspte mozzarellakaas gelijkmatig over het deeg.
e) Verdeel de gesneden vijgen en pancetta over de kaas.
f) Strooi de verkruimelde blauwe kaas erover.
g) Bak in de voorverwarmde oven tot de korst goudbruin is en de kaas gesmolten is.
h) Haal het uit de oven en sprenkel het balsamicoglazuur over de pizza.
i) Eventueel bestrooien met verse rucola voor het serveren.

48.Pizza met vijgen en prosciutto

INGREDIËNTEN:
- 2 Rondes Vijgen Pizzadeeg
- Maïsmeel; voor besprenkeling
- 2 theelepels Olijfolie
- ½ theelepel Gehakte knoflook
- 2 snufjes grof zout
- 2 Snuifjes versgemalen zwarte peper
- 1 theelepel Gehakte verse rozemarijnblaadjes
- ½ kopje Vijgenjam;
- 4 ons Gorgonzola-kaas; verbrokkeld in
- Stukken ter grootte van een erwt
- 3 ons Dun gesneden prosciutto
- 1 lente-ui; dun gesneden In de lengte

INSTRUCTIES:
a) Plaats een uur voor het koken een baksteen in de oven en verwarm tot 500 graden.
b) Rol één pizzadeeg zo dun mogelijk uit. Leg het op een pizzaschep bestrooid met maïsmeel.
c) Bestrijk het oppervlak met 1 theelepel olie, ¼ theelepel gehakte knoflook, 1 snufje zout en peper, en ½ theelepel gehakte rozemarijn.
d) Zorg ervoor dat u rondom een onbedekte, 2,5 cm brede buitenlip achterlaat. Verdeel gelijkmatig ¼ kopje vijgenjam en 2 ons Gorgonzola-kaas op de pizza.
e) Bestrijk met de helft van de prosciutto.
f) Schud de peddel lichtjes en schuif de pizza op de baksteen. Bak tot ze bruin zijn, ongeveer 6 tot 7 minuten.
g) Leg het op een stevig oppervlak en snijd het in plakjes. Serveer onmiddellijk, gegarneerd met de helft van de gesneden lente-ui.
h) Herhaal met het resterende deeg.

49.Vijgen En Radicchio Pizza

INGREDIËNTEN:

- 3 gedroogde Mission-vijgen
- ½ kopje droge rode wijn
- 2 eetlepels stukjes rauwe walnoot
- Meel voor alle doeleinden
- 6 ons bal No-Knead Pizzadeeg
- 2 eetlepels extra vergine olijfolie
- ½ kop radicchio, geraspt
- 2 ons veganistische kaas, in stukjes gesneden

INSTRUCTIES:

a) Verwarm de grill voor met het rek op 5 inch van het element of de vlam. Als je een gietijzeren koekenpan of grillpan voor de pizza gebruikt, zet deze dan op middelhoog vuur tot hij gloeiend heet wordt, ongeveer 15 minuten.

b) Breng de koekenpan of bakplaat over naar de grill.

c) Doe de vijgen in een koekenpan op matig vuur, giet de wijn erbij en breng aan de kook. Zet het vuur uit en laat de vijgen minimaal 30 minuten weken. Laat ze uitlekken en snij ze vervolgens in stukjes van een halve centimeter.

d) Rooster de stukjes walnoot in een droge koekenpan op middelhoog vuur gedurende 3 tot 4 minuten. Doe het op een bord, laat afkoelen en hak het vervolgens grof.

e) Om het deeg vorm te geven, bestuif je een werkblad met bloem en leg je de deegbal erop.

f) Bestrooi met bloem en kneed een paar keer tot het deeg samenhangt.

g) Vorm er een ronde cirkel van 20 cm van door vanuit het midden naar de randen te drukken, waardoor een rand van 1 inch dikker blijft dan de rest.

h) Open de ovendeur en schuif snel het rooster met het kookoppervlak erop naar buiten. Pak het deeg op en breng het snel over naar het kookoppervlak, waarbij u erop let dat u het oppervlak niet aanraakt.

i) Sprenkel 1 eetlepel olie op het deeg, strooi de stukjes walnoot erover, dan de radicchio, dan de gehakte vijgen en dan de kaas.

j) Schuif het rek terug in de oven en sluit de deur. Rooster de pizza tot de korst rond de randen is opgezwollen, de pizza op sommige plekken zwart is geworden en de kaas gedurende 3 tot 4 minuten is gesmolten.
k) Verwijder de pizza met een houten of metalen schil of een vierkant stuk karton, leg hem op een snijplank en laat hem een paar minuten rusten.
l) Sprenkel de resterende 1 eetlepel olie erover, snijd de pizza in vieren, leg hem op een bord en eet.

50. Pizza met gekarameliseerde vijgen en geitenkaas

INGREDIËNTEN:
- 1 volkoren dunne pizzabodem
- 1 eetlepel extra vergine olijfolie
- Zout en peper naar smaak
- 8 groene of zwarte missievijgen
- ⅓ kopje bruine suiker
- 1 ½ eetlepel balsamicoazijn
- 1 eetlepel vers geperst citroensap
- 1 ⅓ kopjes geraspte scherpe cheddarkaas
- 1 ¼ kopjes babyrucola
- 4 middelgrote aardbeien, in tweeën gesneden
- ¼ kopje verkruimelde geitenkaas
- ¼ kopje verkruimelde fetakaas

INSTRUCTIES:
a) Verwarm de oven voor op 200 °C.
b) Druppel de olijfolie over de pizzabodem en breng op smaak met peper en zout.
c) Bak de korst ongeveer 6-8 minuten.
d) Terwijl de korst aan het bakken is, snijd je de vijgen in drieën en doop je de plakjes in bruine suiker, zorg ervoor dat ze goed bedekt zijn.
e) Leg de vijgenplakken in een grote hete koekenpan met antiaanbaklaag. Kook de vijgen op middelhoog vuur gedurende ongeveer 3 minuten, tot ze beginnen te karameliseren.
f) Draai de vijgen om, voeg balsamicoazijn en citroensap toe en laat nog 3-4 minuten koken. Zet ze opzij.
g) Zodra de pizzabodem uit de oven komt, bestrooi je deze met geraspte kaas.
h) Beleg de korst met babyrucola, gekarameliseerde vijgen, aardbeien, feta en geitenkaas. Breng het geheel nogmaals op smaak met zout en peper voor extra smaak.
i) Bak ongeveer 7 minuten op 200°C, tot de kazen smelten en de rucola begint te verwelken.

51. Kaas En Vijgencalzones

INGREDIËNTEN:
- 1 pakje actieve droge gist
- Snufje suiker
- Extra vergine olijfolie
- 1 theelepel zout
- ¼ theelepel versgemalen zwarte peper
- Ongeveer 3 kopjes bloem
- 3 eetlepels grappa
- 8 gedroogde vijgen, zonder steel en in dunne plakjes gesneden
- 8 ons Cantal, fontina Val d'Aosta of Gruyère-kaas, in reepjes gesneden
- 1 eetlepel rozemarijnblaadjes
- 1 ei, losgeklopt

INSTRUCTIES:
a) Meng de gist in een grote kom met ¼ kopje lauw water en de suiker; laat het 5 minuten zitten. Roer ¾ kopje lauw water, 1 eetlepel olijfolie en het zout en de peper erdoor.
b) Meng 2 kopjes bloem, één kopje per keer. Voeg langzaam ongeveer ½ kopje bloem toe tot er een zacht, licht plakkerig deeg ontstaat.
c) Kneed het deeg gedurende 10 minuten op een licht met bloem bestoven oppervlak en voeg zo min mogelijk bloem toe om te voorkomen dat het deeg blijft plakken. Laat het 30 minuten rusten, licht afgedekt.
d) Verdeel het deeg in vieren, vorm er balletjes van, bestrijk ze rondom met olijfolie en leg ze op een bakplaat. Dek losjes af met een handdoek en zet op een koele plaats om te rijzen tot het ongeveer 2 uur verdubbeld is.
e) Laat de grappa en vijgen in een pan sudderen tot de grappa verdampt is.
f) Verwarm de oven voor op 450 graden Fahrenheit. Bestrijk 2 met folie beklede bakplaten met olie. Rol het deeg in cirkels van 8 inch. Verdeel de vijgen over de cirkels en centreer ze aan één kant.

g) Bestrooi met kaas en rozemarijn. Vouw het deeg dubbel, bestrijk de randen met water, knijp het dicht en bestrijk het met losgeklopt ei.
h) Bak gedurende 10 minuten; verlaag de oventemperatuur tot 350 graden Fahrenheit en bak tot ze bruin is, gedurende nog eens 10 tot 15 minuten.
i) Geniet van je heerlijke bergkaas- en vijgencalzones!

52.Vijgen-, rucola- en prosciutto-pizza

INGREDIËNTEN:
- pizza deeg
- 2 eetlepels olijfolie
- 6-8 verse vijgen, in plakjes gesneden
- 4 plakjes prosciutto, in dunne plakjes gesneden
- 1 kopje mozzarellakaas, versnipperd
- 1 kopje rucola
- Balsamicoglazuur, om te besprenkelen

INSTRUCTIES:
a) Verwarm uw oven voor op de hoogste temperatuurstand.
b) Rol het pizzadeeg uit op een met bloem bestoven oppervlak en leg het op een bakplaat of pizzasteen.
c) Druppel 1 eetlepel olijfolie over het deeg.
d) Verdeel de mozzarellakaas gelijkmatig over het deeg.
e) Verdeel de gesneden vijgen en prosciutto over de kaas.
f) Bak in de voorverwarmde oven tot de korst goudbruin is en de kaas gesmolten is.
g) Haal uit de oven en garneer met verse rucola.
h) Druppel balsamicoglazuur over de pizza voordat je hem serveert.

53. Vijgen-, blauwe kaas- en walnootpizzettes

INGREDIËNTEN:
- Pizzadeeg
- 6-8 verse vijgen, in vieren
- 1/2 kop blauwe kaas, verkruimeld
- 1/4 kopje walnoten, gehakt
- Schat, voor de motregen

INSTRUCTIES:
a) Verwarm uw oven voor op 200°C.
b) Rol het pizzadeeg uit en snijd het in kleine rondjes.
c) Leg de deegrondjes op een bakplaat bekleed met bakpapier.
d) Beleg elke ronde met verkruimelde blauwe kaas, in vieren gesneden vijgen en gehakte walnoten.
e) Sprenkel honing over de bovenkant van elke pizza.
f) Bak in de voorverwarmde oven gedurende ongeveer 10-12 minuten, of tot de randen goudbruin zijn en de kaas bubbelt.
g) Haal uit de oven en laat iets afkoelen voordat je het serveert.

54. Vijgen, Ricotta en Honing Flatbread

INGREDIËNTEN:
- Flatbread of naanbrood
- 6-8 verse vijgen, in plakjes gesneden
- 1 kopje ricottakaas
- Schat, voor de motregen
- Verse tijmblaadjes

INSTRUCTIES:
a) Verwarm uw oven voor op 200°C.
b) Leg het flatbread of naanbrood op een bakplaat.
c) Verdeel 1/2 kopje ricottakaas gelijkmatig over het flatbread.
d) Leg de gesneden vijgen op de ricotta.
e) Druppel honing over de vijgen.
f) Strooi verse tijmblaadjes over het flatbread.
g) Bak in de voorverwarmde oven gedurende ongeveer 8-10 minuten, of totdat de randen knapperig zijn en de kaas is opgewarmd.
h) Haal uit de oven en laat iets afkoelen voordat je het snijdt en serveert. Genieten!

SALADES

55. Sinaasappel En Vijgensalade

INGREDIËNTEN:
- 3 sinaasappels, geschild en gehakt
- ½ kopje grof gesneden verse of gedroogde vijgen
- ½ kopje gehakte walnoten
- 3 eetlepels gezoete kokosnootvlokken
- 1 eetlepel vers citroensap
- 1 theelepel suiker
- 2 eetlepels gezoete gedroogde kersen

INSTRUCTIES:
a) Meng de sinaasappels, vijgen en walnoten in een kom. Voeg de kokosnoot, het citroensap en de suiker toe.
b) Meng voorzichtig om te combineren.
c) Bestrooi met de kersen en serveer.

56. Salade Met Gegrilde Vijgen En Halloumi

INGREDIËNTEN:
- 6 rijpe vijgen, gehalveerd
- 8 ons halloumi-kaas, in plakjes gesneden
- 4 kopjes gemengde groenten
- ¼ kopje gehakte verse peterselie
- ¼ kopje gehakte walnoten
- 2 eetlepels honing
- 2 eetlepels olijfolie
- 2 eetlepels rode wijnazijn
- Zout en zwarte peper

INSTRUCTIES:
a) Verwarm de grill voor op middelhoog vuur.
b) Bestrijk de vijgenhelften en plakjes halloumi met olijfolie en breng op smaak met zout en zwarte peper.
c) Grill de vijgen en halloumi 2-3 minuten aan elke kant of tot ze licht verkoold zijn.
d) Haal van de grill en laat afkoelen.
e) Meng in een grote kom de gemengde groenten, gehakte peterselie, gehakte walnoten, gegrilde vijgen en gegrilde halloumi.

57. Vijgen-, Ham- En Nectarinesalade In Wijnsiroop

INGREDIËNTEN:
- ½ kopje Droge witte wijn
- ½ kopje water
- ¼ kopje suiker
- 2 pinten Verse groene en/of paarse vijgen; stamde
- 2 grote Stevig rijpe nectarines
- ¼ pond) stuk ham of prosciutto, in reepjes gesneden
- Takjes munt en/of verse druivenbladeren om te garneren

INSTRUCTIES:
a) Kook in een kleine pan wijn en water met suiker tot de suiker is opgelost, ongeveer 3 minuten, en haal de pan van het vuur. Laat de wijnsiroop iets afkoelen en laat afkoelen. Wijnsiroop kan 1 week van tevoren worden gemaakt en gekoeld en afgedekt worden bewaard.
b) Halveer de vijgen en snijd de nectarines in dunne partjes. Meng het fruit in een kom voorzichtig met de ham of prosciutto en de helft van de wijnsiroop.
c) Schik de salade op een schaal en giet de resterende wijnsiroop erover.
d) Garneer de salade met munt en/of druivenbladeren.

58. Vijgen En Farro Salade Met Kip

INGREDIËNTEN:
1 kop farro, gekookt volgens de instructies op de verpakking
6-8 verse vijgen, zonder steel en in vieren
2 kopjes gekookte kipfilet, versnipperd of in blokjes gesneden
1/4 kopje gesneden amandelen, geroosterd
1/4 kopje verkruimelde fetakaas
2 eetlepels gehakte verse peterselie
Balsamicovinaigrettedressing
Zout en peper naar smaak

INSTRUCTIES:
Meng in een grote kom gekookte farro, in vieren gesneden vijgen, gekookte kipfilet, gesneden amandelen, verkruimelde fetakaas en gehakte verse peterselie.

Besprenkel met balsamicovinaigrettedressing en roer voorzichtig door.

Breng op smaak met zout en peper.

Serveer gekoeld of op kamertemperatuur als een hartige en smaakvolle hoofdgerechtsalade.

59. Vijgen-kalkoensalade met currydressing

INGREDIËNTEN:
VOOR DE DRESSING:
- ⅔ kopje Plantaardige olie
- ⅓ kopje ciderazijn
- 1 theelepel Currypoeder
- 1 theelepel Gekruid zout
- ½ theelepel Worcestershiresaus
- ½ theelepel kristalsuiker
- 1 kop vetvrije saladedressing (of vervanging)

VOOR DE SALADE:
- 1 liter Mesclun (of 10 ounces, droge maat)
- 3 kopjes Gekookt kalkoenfiletvlees, in plakjes of versnipperd
- 1 kopje gedroogde vijgen, in de lengte in vieren gesneden
- ⅔ kopje Dun gesneden bleekselderij
- ⅓ kopje Geschaafde amandelen, geroosterd (of meer)
- 3 eetlepels Gesneden groene uien
- 1 ½ kopjes in blokjes gesneden ongeschilde rode appel (1 grote)

INSTRUCTIES:
VOOR DE DRESSING:
a) Meng in een pot met een goed sluitend deksel de plantaardige olie, ciderazijn, kerriepoeder, gekruid zout, Worcestershiresaus en kristalsuiker.
b) Bedek de pot en schud hem goed om de dressing te mengen. Schud opnieuw voor gebruik.

VOOR DE SALADE:
c) Meng in een grote slakom de mesclun, gekookte kalkoen, gedroogde vijgen, dun gesneden bleekselderij, geroosterde geschaafde amandelen en gesneden groene uien. Bewaar dit mengsel koud.
d) Voeg vlak voor het serveren de in blokjes gesneden rode appel en de bereide dressing toe.
e) Meng de salade voorzichtig totdat alle ingrediënten goed gemengd zijn.
f) Serveer de salade in individuele slakommen of geef de grote kom aan tafel door.
g) Geniet van uw heerlijke vijgen- en kalkoensalade met currydressing!

60.Meloensalade Met Vijgen

INGREDIËNTEN:
- 1 ½ kopjes gewone magere of magere yoghurt
- 2 eetlepels Honing
- 1 eetlepel Vers limoensap
- 8 verse vijgen, in vieren
- 1 kleine honingmeloen, geschild, zonder zaadjes en in plakjes gesneden
- 4 theelepels Gehakte verse muntblaadjes
- ¼ kopje Gehakte walnoten of pecannoten

INSTRUCTIES:
a) Meng in een kom de magere of magere yoghurt, honing en vers limoensap. Goed mengen. Dek de kom af en laat de yoghurtdressing afkoelen tot je klaar bent om te serveren.
b) Plaats 8 in vieren gesneden vijgen in een cirkel in het midden van 4 borden.
c) Schik de hapklare stukjes honingmeloen rond de vijgen.
d) Schep vlak voor het serveren de bereide yoghurtdressing over het fruit en besprenkel het gelijkmatig.
e) Strooi de gehakte verse muntblaadjes en gehakte walnoten of pecannoten over de salade.
f) Geniet van je verfrissende Meloensalade met Vijgen!

61. Vijgen-, geitenkaas- en walnootsalade

INGREDIËNTEN:
- 4 kopjes gemengde saladegroenten (zoals rucola, spinazie of gemengde groenten)
- 6-8 verse vijgen, in plakjes gesneden
- 1/2 kopje verkruimelde geitenkaas
- 1/4 kopje walnoten, gehakt
- Balsamicovinaigrettedressing

INSTRUCTIES:
a) Meng de gemengde groenten in een grote slakom.
b) Leg de gesneden vijgen op de greens.
c) Strooi de verkruimelde geitenkaas en gehakte walnoten over de salade.
d) Besprenkel met balsamicovinaigrettedressing naar smaak.
e) Meng voorzichtig om te combineren en serveer onmiddellijk.

62. Vijgen-, prosciutto- en rucolasalade

INGREDIËNTEN:
- 4 kopjes babyrucola
- 6-8 verse vijgen, in vieren
- 4 plakjes prosciutto, in hapklare stukjes gescheurd
- 1/4 kopje geschaafde Parmezaanse kaas
- Citroenvinaigrettedressing

INSTRUCTIES:
a) Voeg in een grote slakom de babyrucola toe.
b) Verdeel de in vieren gesneden vijgen en de gescheurde prosciutto over de rucola.
c) Strooi de geschaafde Parmezaanse kaas erover.
d) Besprenkel met citroenvinaigrettedressing.
e) Meng voorzichtig zodat alles gelijkmatig bedekt is en serveer onmiddellijk.

63.Vijgen-, Quinoa- en Kikkererwtensalade

INGREDIËNTEN:
- 1 kop gekookte quinoa, gekoeld
- 6-8 verse vijgen, gehakt
- 1 blik kikkererwten (15 oz), uitgelekt en afgespoeld
- 1/4 kop gehakte verse peterselie
- 1/4 kopje verkruimelde fetakaas
- Citroenkruidendressing

INSTRUCTIES:
a) Meng in een grote slakom de gekookte quinoa, gehakte vijgen, kikkererwten en gehakte peterselie.
b) Strooi de verkruimelde fetakaas over de salade.
c) Besprenkel met citroenkruidendressing naar smaak.
d) Meng voorzichtig om alle ingrediënten gelijkmatig te combineren.
e) Serveer onmiddellijk of laat het in de koelkast staan, zodat de smaken zich kunnen vermengen voordat u het serveert.

64. Vijgen-, Prosciutto- en Mozzarella Caprese-salade

INGREDIËNTEN:
- 4 rijpe tomaten, in plakjes gesneden
- 6-8 verse vijgen, in plakjes gesneden
- 8 plakjes prosciutto
- 8 oz verse mozzarellakaas, in plakjes gesneden
- Verse basilicumblaadjes
- Balsamico glazuur
- Olijfolie
- Zout en peper naar smaak

INSTRUCTIES:
a) Schik de plakjes tomaat, vijgenplakken, prosciutto en plakjes mozzarella op een serveerschaal, afwisselend.
b) Stop verse basilicumblaadjes tussen de lagen.
c) Druppel olijfolie en balsamicoglazuur over de salade.
d) Breng op smaak met zout en peper.
e) Serveer onmiddellijk als een heerlijk aperitiefhapje of lichte maaltijd.

65. Salade met vijgen, spinazie en pecannoten

INGREDIËNTEN:
- 6 kopjes babyspinazieblaadjes
- 6-8 verse vijgen, in plakjes gesneden
- 1/2 kop pecannoten, geroosterd en gehakt
- 1/4 kopje verkruimelde blauwe kaas (optioneel)
- 1/4 kopje gedroogde veenbessen (optioneel)
- Esdoornvinaigrettedressing

INSTRUCTIES:
a) Meng in een grote slakom de babyspinazieblaadjes, gesneden vijgen, geroosterde pecannoten, verkruimelde blauwe kaas en gedroogde veenbessen.
b) Besprenkel met ahornvinaigrettedressing naar smaak.
c) Schud voorzichtig om alle ingrediënten gelijkmatig te bedekken.
d) Serveer onmiddellijk als een verfrissende en smaakvolle salade.

66.Vijgen-, avocado- en garnalensalade

INGREDIËNTEN:
- 4 kopjes gemengde saladegroenten
- 6-8 verse vijgen, in vieren
- 1 rijpe avocado, in blokjes gesneden
- 1 pond gekookte garnalen, gepeld en ontdaan van darmen
- 1/4 kopje gesneden amandelen, geroosterd
- Citrusvinaigrettedressing

INSTRUCTIES:
a) Meng in een grote slakom de gemengde slagroenten, in vieren gesneden vijgen, in blokjes gesneden avocado, gekookte garnalen en gesneden amandelen.
b) Besprenkel met citrusvinaigrettedressing naar smaak.
c) Meng voorzichtig om alle ingrediënten gelijkmatig te combineren.
d) Serveer onmiddellijk als een bevredigende en voedzame saladeoptie.

67. Vijgen-, quinoa- en rucolasalade

INGREDIËNTEN:
- 1 kop gekookte quinoa, gekoeld
- 6-8 verse vijgen, in plakjes gesneden
- 4 kopjes babyrucola
- 1/4 kopje verkruimelde geitenkaas
- 1/4 kopje geroosterde pijnboompitten
- Citroen-honingdressing

INSTRUCTIES:
a) Meng in een grote slakom de gekookte quinoa, gesneden vijgen, babyrucola, verkruimelde geitenkaas en geroosterde pijnboompitten.
b) Besprenkel met citroen-honingdressing naar smaak.
c) Schud voorzichtig om alle ingrediënten gelijkmatig te bedekken.
d) Serveer onmiddellijk als een levendige en smaakvolle saladeoptie.

NAGERECHT

68. Limoncello-vijgentaart met walnotenkorst

INGREDIËNTEN:
VOOR DE KORST:
- 1 ½ kopje bloem voor alle doeleinden
- ½ kopje walnoten, fijngehakt
- 1 eetlepel verse rozemarijn, fijngehakt
- ½ kopje ongezouten boter, koud en in blokjes
- ¼ kopje kristalsuiker
- ¼ theelepel zout
- 2-3 eetlepels ijswater

VOOR DE VULLING:
- ½ kopje Limoncello-likeur
- ¼ kopje kristalsuiker
- 2 eetlepels maizena
- ¼ theelepel zout
- ¼ kopje water
- 1 theelepel citroenschil
- 12-15 verse vijgen, in plakjes gesneden

INSTRUCTIES:
a) Verwarm de oven voor op 190°C. Vet een taartvorm met een verwijderbare bodem in.
b) Meng in een keukenmachine het bloem voor alle doeleinden, gehakte walnoten, verse rozemarijn, kristalsuiker en zout. Pulseer tot alles goed gemengd is.
c) Voeg de koude, in blokjes gesneden boter toe aan de keukenmachine en pulseer tot het mengsel op grove kruimels lijkt.
d) Voeg geleidelijk het ijswater toe, 1 eetlepel per keer, en pulseer tot het deeg samenkomt.
e) Leg het deeg op een licht met bloem bestoven oppervlak en kneed het een paar keer om het samen te voegen.
f) Rol het deeg uit tot een cirkel die groot genoeg is om in je taartvorm te passen.
g) Druk het deeg in de voorbereide taartvorm en zorg ervoor dat het gelijkmatig in de bodem en langs de zijkanten wordt gedrukt.
h) Meng in een pan de limoncello-likeur, kristalsuiker, maizena, zout, water en citroenschil.

i) Kook op middelhoog vuur, onder voortdurend roeren, tot het mengsel dikker wordt en aan de kook komt.
j) Haal van het vuur en laat het mengsel iets afkoelen.
k) Verdeel de gesneden vijgen over de voorbereide taartbodem.
l) Giet het licht afgekoelde Limoncello-mengsel over de vijgen en zorg ervoor dat ze gelijkmatig bedekt zijn.
m) Bak de taart 25-30 minuten in de voorverwarmde oven, of tot de korst goudbruin is en de vijgen gaar zijn.
n) Haal het uit de oven en laat afkoelen voordat je het aansnijdt.

69.Bevroren vijgencheesecake

INGREDIËNTEN:
- 1 kopje graham crackerkruimels
- 1 kopje plus 2 eetlepels kristalsuiker
- 4 eetlepels boter, gesmolten
- 2 kopjes ricottakaas, uitgelekt
- 8 ons roomkaas
- 1 eetlepel maizena
- 4 grote eieren
- 2 theelepels vanille-extract
- Snufje zout
- ⅓ kopje vijgenjam

INSTRUCTIES:

a) Verwarm de oven tot 340 ° F (171 ° C). Wikkel de binnenkant van een springvorm van 23 cm doorsnede in met aluminiumfolie. Spray met anti-aanbakspray en zet opzij.

b) Meng in een kleine kom de crackerkruimels van Graham, 2 eetlepels suiker en boter. Druk in de bodem van de voorbereide pan. Laat 30 minuten afkoelen in de koelkast.

c) Voeg in een grote mengkom ricottakaas, roomkaas, resterende 1 kopje suiker en maizena toe. Meng goed met een elektrische mixer op gemiddelde snelheid. Voeg de eieren één voor één toe en klop na elke toevoeging op lage snelheid. Voeg vanille-extract en zout toe en klop op lage snelheid tot het is opgenomen.

d) Haal de korst uit de koelkast. Giet het beslag in de korst. Roer de vijgenjam voorzichtig door de cheesecake voor een gemarmerd effect. Zet de pan in een grotere pan met heet water, zodat de springvorm half onder water staat.

e) Bak gedurende 55 minuten tot 1 uur. De cake moet stevig zijn, maar nog steeds een beetje schudden. Haal het uit de grotere pan met water en laat afkoelen op een rooster tot het op kamertemperatuur is.

f) Schuif een botermes rond de binnenrand van de pan om de cheesecake van de pan te scheiden en maak vervolgens het buitenste deel van de pan los. Koel gedurende 1 uur en vries vervolgens gedurende 4 uur in. Laat het 10 tot 15 minuten op kamertemperatuur staan voordat u het snijdt en serveert.

g) Bewaaradvies: Bewaar het product maximaal 1 maand stevig verpakt in plasticfolie in de vriezer.

70. Vijgen Met Zabaglione

INGREDIËNTEN:
VOOR DE ZABAGLIONE:
- 4 grote eidooiers
- ½ kopje kristalsuiker
- ½ kopje zoete dessertwijn
- 1 theelepel vanille-extract

VOOR DE VIJGEN:
- 8 rijpe vijgen
- 1-2 eetlepels honing, om te besprenkelen (optioneel)
- Verse muntblaadjes voor garnering (optioneel)

INSTRUCTIES:
VOOR DE ZABAGLIONE:
a) Klop in een hittebestendige kom de eierdooiers en de suiker tot alles goed gemengd en licht bleek is.
b) Plaats de kom boven een pan met kokend water (dubbele boiler). Zorg ervoor dat de bodem van de kom het water niet raakt.
c) Giet langzaam de zoete dessertwijn erbij, terwijl u voortdurend blijft kloppen. Blijf kloppen tot het mengsel dik en schuimig wordt, wat ongeveer 8-10 minuten duurt. Het moet de consistentie hebben van een custardsaus.
d) Haal de zabaglione van het vuur en roer het vanille-extract erdoor. Laat het afkoelen tot kamertemperatuur.

VOOR DE VIJGEN:
e) Spoel de vijgen voorzichtig af en dep ze droog met een schone theedoek.
f) Snijd de steeltjes van de vijgen en snijd ongeveer halverwege een kruisje in de bovenkant van elke vijg, zodat er een zakje ontstaat.
g) Plaats de vijgen op een serveerbord of op individuele dessertbordjes.

SERVEREN:
h) Schep de afgekoelde zabaglione royaal over elke vijg.
i) Druppel indien gewenst een beetje honing over de bovenkant van elke vijg en sabaglione voor extra zoetheid.
j) Garneer met verse muntblaadjes voor een vleugje kleur en een vleugje frisheid.
k) Serveer onmiddellijk. De warme zabaglione combineert prachtig met de verse, rijpe vijgen.

71. Rozengeurbavarois met vijgen

INGREDIËNTEN:
VOOR DE ROZENGEURENDE BAVAROIS:
- 4 eierdooiers
- 110 g kristalsuiker
- 8 g gelatine (ongeveer 4 blaadjes)
- 250 ml volle melk
- ¼ theelepel essentiële rozenolie
- 500 ml dubbele room

VOOR DE GESTROCHTE VIJGEN:
- 100 g kristalsuiker
- 1 vanillestokje
- Geraspte schil van 1 citroen
- 16 rijpe vijgen
- Rozenblaadjesjam of gelei (optioneel), om te serveren

INSTRUCTIES:
VOOR DE ROZENGEURENDE BAVAROIS:
a) Lijn 6 Dariole-vormpjes of schaaltjes met vershoudfolie.
b) Doe de eierdooiers en de basterdsuiker in een mengkom en klop tot het mengsel licht en luchtig is.
c) Week de gelatine in koud water en zet opzij.
d) Breng op matig vuur de melk aan de kook en giet deze over het eigeelmengsel. Giet het mengsel vervolgens terug in de pan en roer op laag vuur tot het dik genoeg is om de achterkant van een lepel te bedekken. Haal van het vuur.
e) Haal de zachte gelatine uit het water, knijp het overtollige vocht eruit en roer het door de hete custard tot het gesmolten is. Meng de rozenottoolie erdoor.
f) Zet het mengsel opzij om af te koelen.
g) Klop de slagroom tot zachte pieken en spatel deze door de custard.
h) Schep het mengsel in de voorbereide vormen, dek af en laat het ongeveer 2-3 uur afkoelen tot het hard is.

VOOR DE GESTROCHTE VIJGEN:
i) Doe 800 ml water in een pan en voeg de suiker toe.
j) Splijt het vanillestokje, schraap de zaadjes eruit en roer ze door het water. Voeg de geraspte citroenschil toe.

k) Roer op matig vuur tot de suiker is opgelost en voeg dan de vijgen toe.
l) Pocheer zachtjes gedurende 8-10 minuten.
m) Haal de vijgen er voorzichtig uit en plaats ze in een serveerschaal.
n) Zet het vuur hoger en kook de stroperige vloeistof gedurende 12-15 minuten, of tot deze voor ongeveer driekwart is ingekookt.
o) Verwijder de citroenschil van de siroop, laat iets afkoelen en giet het over de vijgen. Chill.

SERVEREN:
p) Verdeel de bavarois over serveerborden en verwijder voorzichtig de vershoudfolie.
q) Bestrijk eventueel met een beetje rozenblaadjesjam of -gelei en leg de gepocheerde vijg apart.

72. Verse Vijgenmousse

INGREDIËNTEN:
- 1½ kopje suiker
- 1 kopje water
- 1 eetlepel Sterk vanille-extract
- 1 Lange krul sinaasappelschil
- 1 stuk vanilleboon van een centimeter
- 6 Rijpe vijgen of
- 2 potten van 4 ons met geconserveerde vijgen
- 1 eetlepel Gelatine
- ¼ kopje sinaasappelsap
- 1½ kopje Crème patissière
- 1 kopje zware room
- 1 theelepel Sterk vanille-extract
- 3 eiwitten
- 1 snufje zout
- 1 eetlepel kristalsuiker
- Heldere sinaasappel om te raspen

INSTRUCTIES:
a) Doe suiker en water in een pan; aan de kook brengen. Als het mengsel kookt, zet je het vuur lager en voeg je 1 eetlepel vanille, sinaasappelschil en vanillestokje toe. Laat ongeveer 10 minuten koken tot het mengsel stroperig en dik wordt. Voeg de hele vijgen toe en pocheer ze ongeveer 25 minuten, of tot ze gaar zijn. Koel.

b) Verwijder de vijgen en doe de siroop, sinaasappelschil, vanillestokje en vanille in een pan met 3 tot 4 eetlepels water. Breng 1 tot 2 minuten aan de kook. Doe de vijgen terug in de hete siroop; bestrijk ze goed met glazuur en laat afkoelen.

c) Meng de gelatine in een kleine kom met het sinaasappelsap en plaats dit boven een pan met nog niet helemaal kokend water. Roer het mengsel goed totdat de gelatine volledig is opgelost. Wanneer de vloeistof behoorlijk stroperig en niet meer korrelig is, voeg je toe aan het afgekoelde vijgenmengsel.

d) Verwijder een vijg voor een laatste garnering later en doe het andere fruit, de sinaasappelschil en de siroop in de pot van een blender. Snij het vanillestokje met een scherp mes doormidden en schraap willekeurig de zaadjes door het mengsel. Meng op hoge snelheid gedurende ongeveer een minuut of tot het mengsel een dikke honingkleurige puree wordt.

e) Meng in een grote mengkom de afgekoelde vijgenpuree met de crème patisserie.
f) Klop in een gekoelde kom de slagroom met 1 theelepel vanille-extract. Klop de slagroom tot hij zijn vorm goed behoudt, maar klop niet te lang.
g) Bestrooi de eiwitten met een snufje zout en klop ze tot een fijn schuim. Wanneer zich zachte pieken vormen, strooi er een eetlepel kristalsuiker over en klop ze vervolgens hard totdat ze hun vorm behouden.
h) Combineer het vijgenmengsel met de slagroom en werk de room voorzichtig door de custard met een grote rubberen komschraper. Spatel er onmiddellijk de opgeklopte eiwitten door.
i) Doe het in een kom en zet het ongeveer 4 tot 5 uur in de koelkast. Rasp vlak voor het serveren de schil van de felgekleurde sinaasappel over het hele oppervlak.
j) Snijd de achtergehouden vijg in dunne reepjes en ring de zijkanten van de mousse ermee.

73. Pavlova Met Vijgen En Granaatappel

INGREDIËNTEN:
- Pavlova met vijgen en granaatappel
- 6 eiwitten
- snufje wijnsteencrème
- 1 ½ kopje (330 g) kristalsuiker
- 1 eetlepel maïsmeel
- 1 ½ theelepel witte azijn
- 2 theelepels vanille-extract
- 1 (320 g) granaatappel
- 1 ¾ kopje (430 ml) verdikte room
- 6 zwarte of groene vijgen, in tweeën gescheurd
- 125 gram frambozen, gehalveerd

INSTRUCTIES:

a) Verwarm de oven voor op 120°C. Markeer een rechthoek van 16 x 32 cm, of twee cirkels met een diameter van 21 cm, op bakpapier. Leg het papier op een licht ingevette grote ovenschaal.

b) Klop het eiwit en de wijnsteenroom in een middelgrote kom met een elektrische mixer tot er zachte pieken ontstaan. Voeg geleidelijk suiker toe en klop tot de suiker tussen de toevoegingen oplost. Voeg snel het gezeefde maïsmeel, de azijn en de vanille toe.

c) Verdeel de meringue in een rechthoek of cirkel op bakpapier en bouw aan de zijkanten op. Gladde boven- en zijkant(en) van pavlova. Bak gedurende 1½ uur of tot het droog aanvoelt. Zet de oven uit; Laat de meringue afkoelen in de oven met de deur op een kier.

d) Verwijder de zaden van de granaatappel; zaden reserveren. Klop de room tot er zachte pieken ontstaan.

e) Schep vlak voor het serveren de room over de pavlova en garneer met vijgen, frambozen en granaatappelpitjes. Als je twee ronde pavlova's gebruikt, doe dan de helft van de room tussen de rondjes en bedek de pavlova met de resterende room en vervolgens met fruit en zaden.

74. Vijg, Honing En Ricotta Semifreddo

INGREDIËNTEN:
- 200 g verse vijgen, gehakt
- 2 eetlepels honing
- 250 gram ricottakaas
- 200 ml slagroom
- 100 g poedersuiker
- 1 theelepel vanille-extract
- ¼ kopje gehakte pistachenoten (optioneel, voor garnering)

INSTRUCTIES:
a) Meng de gehakte vijgen en honing in een kleine pan. Kook op middelhoog vuur gedurende ongeveer 5 minuten, of tot de vijgen zacht zijn en de honing iets is ingedikt. Haal van het vuur en laat het volledig afkoelen.
b) Meng in een mengkom de ricottakaas, slagroom, poedersuiker en vanille-extract. Klop met een elektrische mixer of klop tot het mengsel glad en romig wordt.
c) Spatel het afgekoelde vijgen-honingmengsel voorzichtig door het ricottamengsel tot alles goed gemengd is.
d) Giet het semifreddo-mengsel in een broodvorm of in individuele serveerschalen. Maak de bovenkant glad met een spatel.
e) Optioneel: Strooi de gehakte pistachenoten erover voor extra knapperigheid en smaak.
f) Bedek de pan of borden met plasticfolie en plaats ze minimaal 6 uur of een hele nacht in de vriezer tot ze stevig zijn.
g) Om te serveren haalt u de semifreddo uit de vriezer en laat u hem een paar minuten op kamertemperatuur staan, zodat hij iets zachter wordt. Snijd of schep de semifreddo en serveer in individuele gerechten.
h) Garneer eventueel met extra verse vijgen of een scheutje honing. Geniet van je heerlijke semifreddo met vijgen, honing en ricotta!

75. Vijgen En Balsamico Pot De Crème

INGREDIËNTEN:
- 2 kopjes zware room
- ½ kopje kristalsuiker
- 6 grote eidooiers
- 1 theelepel vanille-extract
- 1 kop verse vijgen, gehakt
- 2 eetlepels balsamicoreductie
- Verse vijgen en een scheutje balsamicoreductie ter garnering

INSTRUCTIES:
a) Verwarm de slagroom en de suiker in een pan tot het begint te koken.
b) Roer de gehakte verse vijgen erdoor.
c) Haal van het vuur en laat het 15 minuten trekken.
d) Klop in een aparte kom de eierdooiers en het vanille-extract tot een gladde massa.
e) Giet het hete, met vijgen doordrenkte roommengsel langzaam bij de eidooiers terwijl u voortdurend blijft kloppen.
f) Roer de balsamicoreductie erdoor.
g) Giet het mengsel in individuele potjes de creme kopjes en zet het minimaal 4 uur in de koelkast voordat je het serveert.
h) Garneer met verse vijgen en een scheutje balsamico-reductie voordat je het serveert.

76. Blauwe Kaas En Vijgengelato Affogato

INGREDIËNTEN:
BLAUWE KAAS EN VIJGENGELATO:
- 2 kopjes volle melk
- 1 kopje zware room
- ¾ kopje kristalsuiker
- 4 grote eierdooiers
- 4 ons blauwe kaas, verkruimeld
- 1 kop gedroogde vijgen, fijngehakt
- 1 theelepel vanille-extract

AFFOGATO
- 1 bolletje blauwe kaas en vijgengelato
- 1 shot (ongeveer 1-2 ounces) vers gezette espresso
- Optioneel: een scheutje honing ter garnering

INSTRUCTIES:
BLAUWE KAAS EN VIJGENGELATO:
a) Meng de melk en de room in een pan. Verhit op middelhoog vuur tot het begint te stomen, af en toe roeren. Laat het niet koken.
b) Klop in een aparte kom de suiker en de eidooiers tot ze goed gemengd zijn.
c) Giet het warme melk- en roommengsel langzaam bij de eidooiers en klop voortdurend om de eieren te temperen.
d) Doe het mengsel terug in de pan en kook op middelhoog vuur, onder voortdurend roeren, tot het dikker wordt en de achterkant van een lepel bedekt. Dit duurt ongeveer 5-7 minuten.
e) Haal de pan van het vuur en roer de verkruimelde blauwe kaas erdoor tot deze volledig gesmolten en opgenomen is.
f) Roer de gehakte gedroogde vijgen en het vanille-extract erdoor tot alles goed gemengd is.
g) Laat het mengsel afkoelen tot kamertemperatuur, dek het af en zet het minimaal 4 uur of een hele nacht in de koelkast om te laten afkoelen en de smaken te ontwikkelen.
h) Eenmaal gekoeld giet je het mengsel in een ijsmachine en draai je het volgens de aanwijzingen van de fabrikant totdat de gelato de consistentie van softijs heeft bereikt.

i) Doe de gelato in een bakje met deksel en vries hem minimaal 4 uur in, of tot hij stevig is.

AFFOGATO

j) Doe een bolletje blauwe kaas en vijgengelato in een serveerglas of kom.
k) Zet een shot espresso met een espressomachine of een van de eerder genoemde alternatieve zetmethoden.
l) Giet de hete espresso over het bolletje blauwe kaas en vijgengelato.
m) Optioneel: sprenkel er een beetje honing over voor een vleugje zoetheid en garneer.
n) Serveer de Blauwe Kaas en Vijgen Gelato Affogato onmiddellijk en geniet van de unieke combinatie van de romige, hartige blauwe kaas-gelato met de zoete, fruitige tonen van de vijgen, versterkt door de rijkdom van de espresso.

77.Gouden Vijgenijs Met Rum

INGREDIËNTEN:
- 150 g kant-en-klare gedroogde vijgen
- 250 gram mascarponekaas uit een doos
- 200 gram pakje Griekse yoghurt
- 2 eetlepels lichte muscovadosuiker
- 2 eetlepels donkere rum

INSTRUCTIES:
a) Doe de vijgen in een keukenmachine of blender. Voeg de mascarponekaas, yoghurt, suiker en rum toe. Meng tot een gladde massa en schraap indien nodig de zijkanten af.
b) Dek af en zet ongeveer 30 minuten in de koelkast tot het gekoeld is.
c) Doe het mengsel in de ijsmachine en vries het in volgens de instructies.
d) Overbrengen naar een geschikte container en invriezen tot gebruik.

78.Bourbon gerookte vijgenijs

INGREDIËNTEN:
VOOR HET IJS:
- ½ kopje licht verpakte bourbon gerookte suiker
- ¼ vanillestokje in de lengte gespleten en geschraapt
- ⅛ theelepel fijn zeezout
- 1 ¼ kopje volle melk
- 1 ¼ kopjes zware room
- 4 grote eierdooiers
- 1 recept Bourbon-vijgenboter

VOOR DE VIJGENBOTER:
- 1 ½ kopjes verpakte gehakte verse vijgen
- ¼ kopje biologische kristalsuiker
- 6 eetlepels bourbonwhisky
- snuf fijn zeezout

INSTRUCTIES:
VOOR HET IJS:
a) Meng in een middelgrote pan met dikke bodem de suiker, het vanillestokje, het schraapsel, het zout en de melk. Verwarm op middelhoog vuur, onder regelmatig roeren, tot de melk stomend heet is. Giet ondertussen de room in een grote, hittebestendige kom en plaats er een zeef overheen. Doe de eierdooiers in een middelgrote kom en plaats de kom op een vochtige handdoek.

b) Als de melk heet is, klop je deze langzaam door de eierdooiers en blijf voortdurend kloppen, zodat de eieren niet gaan stremmen. Doe het mengsel terug in de pan en kook op een laag vuur, onder voortdurend roeren met een flexibele, hittebestendige spatel, totdat de vla begint te "plakken"

c) Giet de custard onmiddellijk door de zeef en bij de koude room om het koken te stoppen. Zet het in de koelkast en laat het afkoelen tot het erg koud is, minimaal 4 uur en maximaal 1 dag.

d) Wanneer de bodem koud is, draait u deze in uw ijsmachine volgens de aanwijzingen van de fabrikant .

e) Zet een grote broodvorm in de vriezer om af te koelen. Als het ijs is gekarnd, schraap dan ⅓ van het ijs in de pan. Bestrijk met ⅓ van de vijgenpuree. Herhaal dit met het resterende ijs en de vijgenboter, werk snel zodat het ijs niet smelt en gebruik dan een eetstokje of mes om de bovenste laag rond te draaien. Bevries tot het hard is, 2 uur en maximaal enkele weken. Voor langere opslag drukt u een stuk perkamentpapier op het oppervlak van het ijs om de vorming van ijskristallen te voorkomen en wikkelt u het stevig vast.

VOOR DE VIJGENBOTER:

f) Meng in een middelgrote pan met dikke bodem de gehakte vijgen, suiker, whisky en zout. Breng op middelhoog vuur aan de kook, zet het vuur laag en laat het ongeveer 10 minuten sudderen tot het mengsel dik en jammig is, terwijl je regelmatig roert. Laat iets afkoelen en laat het vijgenmengsel door een voedselmolen lopen om de schil te verwijderen. Luchtdicht koelen totdat het nodig is, maximaal 1 week.

79.Vijgen En Mascarpone-ijs

INGREDIËNTEN:

- 410 g blik vijgen op siroop
- 250 gram mascarponekaas uit een doos
- 3 eetlepels heldere honing
- 2 theelepels vers citroensap

INSTRUCTIES:

a) Giet de vijgen af en verwijder de harde uiteinden van de stengels.
b) Doe de vijgen in een keukenmachine of blender en voeg de mascarpone, honing en citroensap toe. Mixen tot een gladde substantie.
c) Dek af en zet ongeveer 30 minuten in de koelkast tot het gekoeld is.
d) Doe het mengsel in de ijsmachine en vries het in volgens de instructies.
e) Overbrengen naar een geschikte container en invriezen tot gebruik.

SPECERIJEN

80.Ingeblikte vijgen

INGREDIËNTEN:
- Vijgen (niet te rijp)

INSTRUCTIES:
a) Begin met het grondig wassen van de vijgen.
b) Doe de gewassen vijgen in een pan, bedek ze met water en breng het water aan de kook. Kook de vijgen gedurende 2 minuten.
c) Giet de vijgen af, maar zorg ervoor dat het water niet kookt.
d) Om een dunne siroop te maken, gebruik je het water dat je hebt bewaard bij het koken van de vijgen. Breng dit water aan de kook.
e) Doe de vijgen terug in de siroop en kook ze nog 5 minuten.
f) Als u de voorkeur geeft aan een zoeter product, kunt u een zware siroop maken door water en suiker in gelijke delen te combineren. Voeg eventueel een paar schijfjes citroen toe aan de siroop.
g) Kook de vijgen nog eens 5 minuten in de zware siroop of de siroop met toegevoegde schijfjes citroen.
h) Verpak de hete, gekookte vijgen in potten en vul ze tot ½ inch van de bovenkant met de voorgekookte siroop.
i) Sluit de potten af door er doppen op te plaatsen en de banden stevig vast te draaien.
j) Je ingeblikte vijgen zijn nu klaar om van te genieten of te bewaren voor later gebruik!

81. Gedroogde Vijgenjam

INGREDIËNTEN:
- 28 ons gedroogde vijgen (zelfgemaakt of commercieel)
- 5 kopjes Water
- ½ kopje Vers citroensap
- 3 kopjes suiker
- Zaden van geperste citroenen
- 1 theelepel Gemalen kardemom
- 1 eetlepel donkere rum

INSTRUCTIES:
a) Plaats de gedroogde vijgen in een pot van 4 liter. Voeg al het water toe, dek de pan af en breng het aan de kook. Zodra het kookt, haal je de pan van het vuur en laat je de vijgen minimaal een uur in het water staan, zodat ze voller worden. Gebruik een schuimspaan om de vijgen uit het water te halen, maar zorg ervoor dat je het water bewaart.
b) Snijd de stelen van de vijgen af met een schaar en hak ze met de hand of in een keukenmachine grof.
c) Voeg het citroensap en de suiker toe aan het met vijgen doordrenkte water. Breng het mengsel aan de kook, zet het vuur lager en laat het 5-10 minuten sudderen.
d) Bundel de citroenzaadjes in een stuk kaasdoek en laat het in het met vijgen doordrenkte water vallen. Voeg de gehakte vijgen toe aan het mengsel.
e) Breng de vijgenjam opnieuw aan de kook en laat 15-20 minuten koken tot hij iets dikker wordt. Haal de pan van het vuur.
f) Verwijder de kaasdoekbundel met citroenzaadjes. Roer de donkere rum en gemalen kardemom erdoor tot alles goed gemengd is.
g) Schep de jam in potten van 1 pint (potten van een halve pint werken ook), laat een vrije ruimte van ¼ inch vrij. Sluit de potten af volgens de aanwijzingen van de fabrikant.
h) Verwerk de afgesloten potten gedurende 15 minuten in een kokend waterbad.
i) Geniet van je zelfgemaakte gedroogde vijgenjam!

82.Gekonfijte vijgen

INGREDIËNTEN:
- Verse groene rijpe vijgen, genoeg om je elektrische koekenpan mee te vullen (niet overrijp)
- 1 theelepel zuiveringszout
- 1¼ kopjes appelcider
- 3 kopjes suiker

INSTRUCTIES:
a) Begin met het koken van wat water in een middelgrote pan en voeg er 1 theelepel zuiveringszout aan toe.
b) Giet dit mengsel over de verse vijgen en laat ze ongeveer vijf minuten weken. Zorg ervoor dat het water de vijgen volledig bedekt en draai ze voorzichtig om ervoor te zorgen dat ze gelijkmatig weken.
c) Giet de vijgen af, spoel ze grondig af en doe ze in de elektrische braadpan.
d) Meng de appelcider en de suiker in een kleine pan en breng het mengsel aan de kook.
e) Giet het hete mengsel van cider en suiker over de vijgen in de koekenpan.
f) Dek de braadpan af en kook de vijgen gedurende 1 uur op 120°C.
g) Laat de gekonfijte vijgen afkoelen en laat ze een nacht staan.
h) Kook de vijgen de volgende dag nog een uur zonder deksel.
i) Laat de vijgen nogmaals afkoelen en laat ze een nacht staan.
j) Kook de vijgen op de derde dag nog 1 uur en laat ze daarna afkoelen.
k) Zodra de gekonfijte vijgen zijn afgekoeld, legt u ze op een bakplaat. Laat ze 2 tot 3 dagen staan en draai ze een of twee keer om een gelijkmatige droging te garanderen.
l) Nadat ze voldoende zijn gedroogd, verpakt u de gekonfijte vijgen tussen lagen vetvrij papier. Bewaar ze in de koelkast totdat ze allemaal opgegeten zijn.
m) Geniet van je zelfgemaakte gekonfijte vijgen!

83. Cranberry-vijgenchutney

INGREDIËNTEN:

- 4 kopjes veenbessen, grof gehakt
- 1 gemberwortel van een centimeter, geschild en fijn versnipperd
- 1 grote navelsinaasappel, in vieren en fijngehakt
- 1 kleine ui, fijngesneden
- ½ kopje gedroogde bessen
- 5 gedroogde vijgen, fijngesneden (Calamyrna of Black Mission)
- ½ kopje walnoten, geroosterd en grof gehakt
- 2 eetlepels Mosterdzaad
- 2 eetlepels Cider azijn
- ¾ kopje Bourbon of Schotse whisky (optioneel)
- 1½ kopjes Lichtbruine suiker
- 2 theelepels Gemalen kaneel
- 1 theelepel Gemalen nootmuskaat
- ½ theelepel gemalen kruidnagel
- ½ theelepel zout
- ⅛ theelepel Cayennepeper

INSTRUCTIES:

a) Meng in een pan van 4 liter de grofgehakte veenbessen, fijngehakte gember, fijngehakte navelsinaasappel, in blokjes gesneden ui, gedroogde krenten, geknipte gedroogde vijgen, geroosterde en gehakte walnoten, mosterdzaad, geraspte gember, ciderazijn en whisky (indien gebruik makend van).

b) Meng in een kleine kom de bruine suiker, kaneel, nootmuskaat, kruidnagel, zout en cayennepeper grondig.

c) Voeg de droge ingrediënten uit de kleine kom toe aan de pan met de andere ingrediënten. Roer om alles te combineren.

d) Verwarm het mengsel tot het aan de kook komt.

e) Zet het vuur lager en laat de chutney 25-30 minuten sudderen, terwijl je regelmatig roert.

f) Als je klaar bent, laat je de chutney afkoelen en bewaar je hem vervolgens maximaal 2 weken in de koelkast. Als alternatief kan het maximaal 1 jaar worden ingevroren.

g) Geniet van je heerlijke cranberry-vijgenchutney!

84. Vijgen, rozemarijn en rode wijnjam

INGREDIËNTEN:
- 1 ½ kopje Merlot of andere fruitige rode wijn
- 2 eetlepels verse rozemarijnblaadjes
- 2 kopjes fijngehakte verse vijgen
- 3 eetlepels Klassieke pectine
- 2 eetlepels citroensap uit flessen
- 2 ½ kopjes suiker

INSTRUCTIES:
a) Breng de rode wijn en de verse rozemarijnblaadjes aan de kook in een kleine roestvrijstalen of geëmailleerde pan.
b) Zet het vuur uit, dek de pan af en laat het 30 minuten trekken.
c) Giet de doordrenkte wijn door een fijne zeef van gaas in een roestvrijstalen of geëmailleerde pan van 4 liter. Gooi de rozemarijnblaadjes weg.
d) Roer de fijngehakte vijgen, klassieke pectine en gebotteld citroensap erdoor.
e) Breng het mengsel op hoog vuur onder voortdurend roeren aan de kook.
f) Voeg de suiker toe en blijf roeren totdat deze volledig is opgelost.
g) Breng het mengsel opnieuw aan de kook en laat het 1 minuut hard koken, opnieuw onder voortdurend roeren.
h) Haal de pan van het vuur en schuim indien nodig af.
i) Ga verder met het inblikken of bewaren van de jam in gesteriliseerde potten.

COCKTAILS

85. Calvados druppelvormige mocktail

INGREDIËNTEN:
- 1½ ons appelsap
- ½ ons citroensap
- Eenvoudige siroop van gerookte vijgen
- ⅛ pond Turkse vijgen , gedroogd en in blokjes gesneden
- ¼ pond missievijgen , gedroogd en in blokjes gesneden

INSTRUCTIES:
a) In een shaker de vijgen door elkaar roeren.
b) Voeg ijs, appelsap , citroensap en gerookte eenvoudige siroop toe.
c) Schud krachtig .
d) Giet in een gekoeld glas.

86.Met Vijgen En Rozemarijn Doordrenkt Water

INGREDIËNTEN:
- 4-6 verse vijgen, zonder steel en gehalveerd
- 2-3 takjes verse rozemarijn
- 1 liter (4 kopjes) water
- Ijsblokjes

INSTRUCTIES:
a) Combineer de gehalveerde vijgen en verse takjes rozemarijn in een grote kan.
b) Vul de kan met water.
c) Dek af en zet minimaal 4 uur of een hele nacht in de koelkast, zodat de smaken kunnen intrekken.
d) Serveer gekoeld op ijsblokjes.
e) Optioneel kun je elk glas garneren met extra vijgenschijfjes en takjes rozemarijn voor een elegante presentatie. Geniet van de subtiel doordrenkte smaak van vijg en rozemarijn in uw verfrissende water.

87.Grapefruit, vijg en vlindererwt-kefir

INGREDIËNTEN:
- 1 liter water
- ¼ kopje suiker
- 30 ml waterkefirkorrels
- 1 gedroogde vijg
- 1 schijfje biologische citroen
- 3 eetlepels vlindererwtenbloem
- ¾ kopje grapefruitsap

INSTRUCTIES:
FERMENTATIE VAN WATERKEFIR
a) Giet 1 liter water in de pot. Voeg de suiker toe en roer om op te lossen.
b) Voeg de waterkefirkorrels, de vijg en het schijfje citroen toe.
c) Bedek de pot met een katoenen doek en zet deze vast met een rubberen band.
d) Laat het 24 tot 48 uur fermenteren bij kamertemperatuur, of totdat de vijg naar de oppervlakte is gestegen.
e) Filtreer het mengsel en bewaar de vloeistof. Zet de granen opzij voor je volgende recept.

INFUSIE EN SMAAK
f) Voeg de blauwe erwtenbloemen toe aan de waterkefir.
g) Laat het een nacht in de koelkast staan.
h) Verwijder de erwtenbloemen en voeg het grapefruitsap toe.
i) Meng grondig.

BOTTELEN
j) Bottel de gearomatiseerde kefir in drukvaste flessen.
k) Laat het op kamertemperatuur staan totdat het bruisen naar wens is.
l) Koel en geniet ervan!

88.Verse Vijgen Curaçao

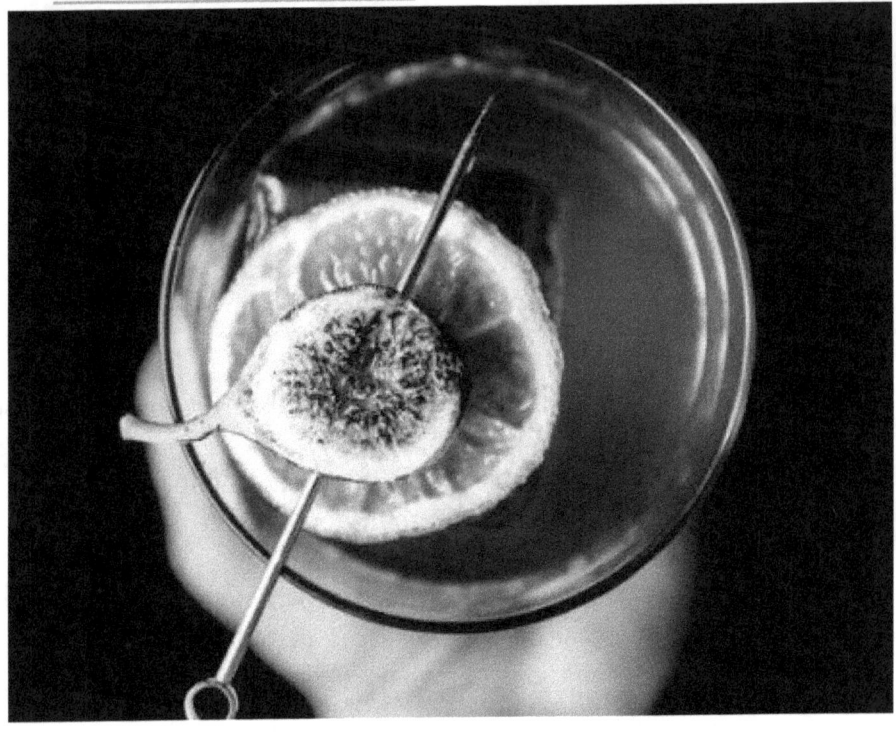

INGREDIËNTEN:
- 12 Vijgen , geschild en in vieren gesneden
- 1 eetlepel cognac
- 1 kop Zware room, opgeklopt
- ⅓ kopje Curacao

INSTRUCTIES:
a) Marineer de vijgen gedurende 30 minuten of langer in de cognac.
b) Meng de room en Cura c oa.
c) Vouw de vijgen erdoor.

89. Vijgen- en Grand Marnier-likeur

INGREDIËNTEN:
- ¼ ounce eenvoudige siroop
- ¾ ounce Grand Marnier
- ½ ons vers sinaasappelsap
- 2 ons cognac met vijgeninfusie
- ½ ons vers citroensap

INSTRUCTIES:
a) Combineer de cognac, Grand Marnier, citroensap, sinaasappelsap en eenvoudige siroop.
b) Goed schudden en een paar uur trekken.
c) Dubbele zeef in een glas.

90.Vijgen En Lavendel Limonade

INGREDIËNTEN:
- 6-8 verse vijgen, zonder steel en in vieren
- 1 kopje vers citroensap
- 1/2 kopje honing
- 6 kopjes water
- 2-3 takjes verse lavendel (optioneel)
- Ijsblokjes

INSTRUCTIES:
a) Meng de verse vijgen, het citroensap, de honing en het water in een pan.
b) Breng het mengsel op middelhoog vuur zachtjes aan de kook, af en toe roerend, tot de honing is opgelost.
c) Haal van het vuur en laat afkoelen tot kamertemperatuur.
d) Eenmaal afgekoeld, zeef je het mengsel door een fijnmazige zeef in een kan om de vijgenstukjes te verwijderen.
e) Laat de limonade in de koelkast afkoelen totdat deze koud is.
f) Serveer met ijsblokjes en garneer indien gewenst met verse lavendeltakjes.

91.Frambozen En Vijgen Limeade

INGREDIËNTEN:
- 1 kopje frambozen
- 1 limoen, in plakjes gesneden
- 2 gedroogde vijgen, grof gehakt
- 3 basilicumblaadjes, grof gehakt
- 8 kopjes bronwater

INSTRUCTIES:
a) Doe alle ingrediënten in je glazen pot.
b) Koel en laat minimaal 1 uur trekken.

92. Vijgen En Honing Smoothie

INGREDIËNTEN:
- 6-8 verse vijgen, zonder steel en in vieren
- 1 rijpe banaan, geschild en in plakjes gesneden
- 1 kopje Griekse yoghurt
- 1 eetlepel honing
- 1/2 kopje amandelmelk (of melk naar keuze)
- Ijsblokjes

INSTRUCTIES:
a) Meng in een blender de verse vijgen, gesneden banaan, Griekse yoghurt, honing en amandelmelk.
b) Voeg een handvol ijsblokjes toe.
c) Meng tot een glad en romig mengsel.
d) Giet in glazen en serveer onmiddellijk.

93.Vijgen En Gember Ijsthee

INGREDIËNTEN:
- 4-6 verse vijgen, zonder steel en gehalveerd
- 4 kopjes water
- 4 zwarte theezakjes
- Een stuk verse gember van 1 inch, in plakjes gesneden
- Honing of suiker naar smaak
- Citroenschijfjes (optioneel)

INSTRUCTIES:
a) Breng het water in een pan aan de kook.
b) Voeg de zwarte theezakjes en de gesneden gember toe aan het kokende water.
c) Zet het vuur lager en laat het 5 minuten sudderen.
d) Haal van het vuur en laat het iets afkoelen.
e) Meng de gehalveerde vijgen in een kruik.
f) Giet de gezette thee over de verwarde vijgen.
g) Roer naar smaak honing of suiker erdoor.
h) Zet de thee in de koelkast tot het koud is.
i) Serveer op ijs met schijfjes citroen indien gewenst.

94. Kardemom-vijgenbrandewijn

INGREDIËNTEN:
- 2 hele kardemompeulen
- 1 kop gedroogde of verse vijgen, gehalveerd
- 32 ons cognac

INSTRUCTIES:
a) Combineer alle ingrediënten.
b) Dek ze goed af en laat ze minimaal 2 dagen op een koele, donkere plaats staan.

95. Vijgen En Munt Mojito

INGREDIËNTEN:
- 6-8 verse vijgen, zonder steel en in vieren
- 1/4 kop verse muntblaadjes
- 2 eetlepels limoensap
- 2 eetlepels eenvoudige siroop
- 1/4 kop witte rum
- Sodawater
- Ijsblokjes

INSTRUCTIES:
a) Meng de verse vijgen en muntblaadjes in een cocktailshaker.
b) Voeg limoensap, eenvoudige siroop en witte rum toe aan de shaker.
c) Vul de shaker met ijsblokjes.
d) Goed schudden tot het gekoeld is.
e) Zeef het mengsel in glazen gevuld met ijs.
f) Bestrijk elk glas met sodawater.
g) Garneer indien gewenst met extra muntblaadjes en plakjes vijgen.
h) Serveer onmiddellijk en geniet van je verfrissende vijgenmojito!

96. Smoothie met vijgen en vanillebonen

INGREDIËNTEN:
- 6-8 verse vijgen, zonder steel en gehalveerd
- 1 kopje vanille Griekse yoghurt
- 1 rijpe banaan, geschild en in plakjes gesneden
- 1/2 theelepel vanille-extract of zaden van 1 vannilleboon
- 1/2 kopje amandelmelk (of melk naar keuze)
- Ijsblokjes

INSTRUCTIES:
a) Meng in een blender de verse vijgen, Griekse vanilleyoghurt, gesneden banaan, vanille-extract of zaden en amandelmelk.
b) Voeg een handvol ijsblokjes toe.
c) Meng tot een glad en romig mengsel.
d) Giet in glazen en serveer onmiddellijk.

97. Met vijgen en kaneel doordrenkte ijsthee

INGREDIËNTEN:
- 6-8 verse vijgen, zonder steel en gehalveerd
- 4 kopjes water
- 4 zwarte theezakjes
- 1 kaneelstokje
- 1/4 kop honing of suiker (optioneel)
- Citroenschijfjes (optioneel)
- IJsblokjes

INSTRUCTIES:
a) Breng het water in een pan aan de kook.
b) Voeg de zwarte theezakjes en het kaneelstokje toe aan het kokende water.
c) Zet het vuur lager en laat het 5 minuten sudderen.
d) Haal van het vuur en laat het iets afkoelen.
e) Meng de gehalveerde vijgen in een kruik.
f) Giet de gezette thee over de verwarde vijgen.
g) Roer er eventueel honing of suiker naar smaak door.
h) Zet de thee in de koelkast tot het koud is.
i) Serveer op ijs met schijfjes citroen indien gewenst. Geniet van je verfrissende en subtiel gekruide ijsthee met vijgen-kaneel!

98.Smoothie met vijgen- en kokoswater

INGREDIËNTEN:
- 6-8 verse vijgen, zonder steel en gehalveerd
- 1 kopje kokoswater
- 1/2 kop gewone Griekse yoghurt
- 1 eetlepel honing (optioneel)
- 1/2 theelepel vanille-extract
- Ijsblokjes

INSTRUCTIES:
a) Meng in een blender de verse vijgen, kokoswater, Griekse yoghurt, honing (indien gebruikt) en vanille-extract.
b) Voeg een handvol ijsblokjes toe.
c) Meng tot een glad en romig mengsel.
d) Giet in glazen en serveer onmiddellijk.

99.Vijgen En Basilicum Limonade

INGREDIËNTEN:
- 6-8 verse vijgen, zonder steel en in vieren
- 1 kopje vers citroensap
- 1/2 kopje suiker
- 1/4 kopje verse basilicumblaadjes, gescheurd
- 4 kopjes water
- Ijsblokjes

INSTRUCTIES:
a) Meng in een pan de verse vijgen, het citroensap, de suiker, de basilicumblaadjes en het water.
b) Breng het mengsel op middelhoog vuur aan de kook, af en toe roerend, tot de suiker is opgelost.
c) Haal van het vuur en laat afkoelen tot kamertemperatuur.
d) Eenmaal afgekoeld, zeef je het mengsel door een fijnmazige zeef in een kan om de vijgenstukjes en basilicumblaadjes te verwijderen.
e) Laat de limonade in de koelkast afkoelen totdat deze koud is.
f) Serveer met ijsblokjes. Garneer indien gewenst met verse basilicumblaadjes of plakjes vijg.

100. Vijgen En Appel Cider Azijn Tonic

INGREDIËNTEN:
- 6-8 verse vijgen, zonder steel en gehalveerd
- 2 eetlepels appelazijn
- 1 eetlepel honing
- 4 kopjes water
- Ijsblokjes

INSTRUCTIES:
a) Meng in een kruik de verse vijgen, appelciderazijn, honing en water.
b) Roer goed om te combineren.
c) Zet het mengsel minimaal 1 uur in de koelkast, zodat de smaken zich kunnen vermengen.
d) Serveer met ijsblokjes. Geniet van deze verfrissende en licht pittige tonic met vijgen- en appelciderazijn!

CONCLUSIE

Nu we aan het einde komen van 'Het essentiële vijgenkookboek', hopen we dat je geïnspireerd bent om de schoonheid en veelzijdigheid van vijgen te omarmen in je kookavonturen. Of je ze nu vers, gedroogd of gekookt eet, vijgen hebben een manier om gerechten te voorzien van hun onweerstaanbare zoetheid en genuanceerde smaakprofiel. Terwijl je de wereld van de op vijgen gerichte keuken blijft verkennen, mag elk recept dat je probeert je dichter bij het ontdekken van de eindeloze mogelijkheden brengen die deze eenvoudige vrucht te bieden heeft.

Terwijl de laatste pagina's van dit kookboek worden omgeslagen en de aroma's van met vijgen gevulde creaties in uw keuken blijven hangen, weet u dat de reis hier niet eindigt. Deel uw liefde voor vijgen met vrienden en familie, experimenteer met nieuwe smaakcombinaties en laat uw fantasie de vrije loop terwijl u uw eigen op vijgen geïnspireerde meesterwerken maakt. En als je merkt dat je opnieuw verlangt naar de geruststellende omhelzing van vijgen, dan is er 'HET ESSENTIËLE VIJGEN KOOKBOEK', klaar om je te begeleiden op je culinaire zoektocht.

Bedankt dat je met ons meegaat op deze smaakvolle reis door de wereld van vijgen. Moge uw keuken gevuld zijn met de zoete geur van vijgen, uw tafel met heerlijke, met vijgen gevulde lekkernijen, en uw hart met de vreugde van culinaire ontdekkingen. Tot we elkaar weer ontmoeten, veel kookplezier en eet smakelijk!

www.ingramcontent.com/pod-product-compliance
Lightning Source LLC
Chambersburg PA
CBHW071325110526
44591CB00010B/1024